理解
中國製造

Understanding
China's Manufacturing

黃群慧 著
By Huang Qunhui

U0103607

開明書店

出版前言

　　自鴉片戰爭之始的近代中國，遭受落後捱打欺凌的命運使大多數中國人形成了這樣一種文化心理：技不如人，制度不如人，文化不如人，改變「西強我弱」和重振中華雄風需要從文化批判和文化革新開始。於是，中國人「睜眼看世界」，學習日本、學習歐美以至學習蘇俄。我們一直處於迫切改變落後捱打、積貧積弱，急於趕超這些西方列強的緊張與焦慮之中。可以說，在一百多年來強國夢、復興夢的追尋中，我們注重的是了解他人、學習他人，而很少甚至沒有去讓人家了解自身、理解自身。這種情形事實上到了 1978 年中國改革開放後的現代化歷史進程中亦無明顯變化。20 世紀八九十年代大量西方著作的譯介就是很好的例證。這就是近代以來中國人對「中國與世界」關係的認識歷史。

　　但與此並行的一面，就是近代以來中國人在強國夢、中華復興夢的追求中，通過「物質（技術）批判」「制度批判」「文化批判」一直苦苦尋求着挽救亡國滅種、實現富國強民之「道」，這個「道」當然首先是一種思想，是旗幟，是靈魂。關鍵是什麼樣的思想、什麼樣的旗幟、什麼樣的靈魂可以救國、富國、強國。一百多年來，中國人民在屈辱、失敗、焦慮中不斷探索、反覆嘗試，歷經「中學為體，西學為用」、君主立憲實踐的失敗，西方資本主義政治道路的破產，「文化大革命」的嚴重錯誤以及 20 世紀 90 年代初世界社會主義的重大挫折，終於走出了中國革命勝利、民族獨立解放之路，特別是將科學社會主義理論邏輯與中國社會發展歷史邏輯結合在一起，走出了一條中國社會主義現代化

之路——中國特色社會主義道路。經過最近三十多年的改革開放，中國社會主義市場經濟快速發展，經濟、政治、文化和社會建設取得偉大成就，綜合國力、文化軟實力和國際影響力大幅提升，中國特色社會主義取得了巨大成功，雖然還不完善，但可以說其體制制度基本成型。百年追夢的中國，正以更加堅定的道路自信、理論自信和制度自信的姿態，崛起於世界民族之林。

與此同時，我們應當看到，長期以來形成的認知、學習西方的文化心理習慣使我們在中國已然崛起、成為當今世界大國的現實狀況下，還很少積極主動向世界各國人民展示自己——「歷史的中國」和「當今現實的中國」。而西方人士和民族也深受中西文化交往中「西強中弱」的習慣性歷史模式的影響，很少具備關於中國歷史與當今發展的一般性認識，更談不上對中國發展道路的了解，以及「中國理論」「中國制度」對於中國的科學性、有效性及其對於人類文明的獨特價值與貢獻這樣深層次問題的認知與理解。「自我認識展示」的缺位，也就使一些別有用心的不同政見人士拋出的「中國崩潰論」「中國威脅論」「中國國家資本主義」等甚囂塵上。

可以說，在「摸着石頭過河」的發展過程中，我們把更多的精力花在學習西方和認識世界上，並習慣用西方的經驗和話語認識自己，而忽略了「自我認知」和「讓別人認識自己」。我們以更加寬容、友好的心態融入世界時，自己卻沒有被客觀真實地理解。因此，將中國特色社會主義的成功之「道」總結出來，講好中國故事，講述中國經驗，用好國際表達，告訴世界一個真實的中國，讓世界民眾認識到，西方現代化模式並非人類歷史進化的終點，中國特色社會主義亦是人類思想的寶貴財富，無疑是有正義感和責任心的學術文化研究者的一個十分重要的擔當。

為此，中國社會科學出版社組織一流專家學者編撰了《理解中國》叢書。這套叢書既有對中國道路、中國理論和中國制度總的梳理和介紹，又有從政治制度、人權、法治，經濟體制、財經、金融，社會治

理、社會保障、人口政策，價值觀、宗教信仰、民族政策，農村問題、城鎮化、工業化、生態建設，以及古代文明、哲學、文學、藝術等方面對當今中國發展和中國歷史文化的客觀描述與闡釋，使中國具象呈現。

　　期待這套叢書的出版，不僅可以使國內讀者更加正確地理解一百多年中國現代化的發展歷程，更加理性地看待當前面臨的難題，增強全面深化改革的緊迫性和民族自信，凝聚改革發展的共識與力量，也可以增進國外讀者對中國的了解與理解，為中國發展營造更好的國際環境。

目　錄

第 一 章

製 造 大 國 崛 起

改革開放以來中國經濟的崛起，其本質是中國成功地快速推進了工業化進程。伴隨這個快速的工業化進程，中國製造業不斷發展壯大，世界各地到處都能見到中國製造的身影。在 2010 年以後，中國工業化進程步入工業化後期，中國也成為世界產出第一的製造大國，但大而不強成為一種基本經濟國情。當前，中國製造業在發展的同時也面臨一系列新問題、新挑戰，結構性產能過剩、產業亟待轉型升級、新工業革命的挑戰，甚至中美貿易摩擦也針對性地指向中國的製造業和《中國製造2025》。在這種背景下，如何看待工業化後期的中國製造，未來中國製造的發展向何處去，這就成為一個十分重大、具有世界意義的話題。

一、從中美貿易摩擦談起

進入 2018 年以後，美國挑起了中美貿易摩擦。4 月 4 日，美國政府發佈了加徵關稅的商品清單，將對中輸美的 1333 項價值 500 億美元的商品加徵 25% 的關稅。4 月 5 日，美國總統特朗普要求美國貿易代表辦公室（USTR）依據《對華 301 調查報告》，額外對 1000 億美元中國進口商品加徵關稅。4 月 16 日美國商務部宣佈，將禁止美國公司向中興通訊銷售零部件、商品、軟件和技術 7 年，直到 2025 年 3 月 13 日。理由是中興違反了美國限制向伊朗出售美國技術的制裁條款。2018 年 6 月15 日，美國公佈了將加徵 25% 關稅的 500 億美元中國進口商品清單。其中對約 340 億美元商品自 2018 年 7 月 6 日起實施加徵關稅措施，同

時對約 160 億美元商品加徵關稅開始徵求公眾意見。2018 年 7 月 6 日，美國開始對 340 億美元中國進口商品加徵關稅。2018 年 8 月 7 日，美國貿易代表辦公室宣佈，將從 8 月 23 日起，對 160 億美元中國輸美產品加徵 25% 的關稅。2018 年 9 月 18 日，特朗普指示美國貿易代表辦公室針對大約 2000 億美元的中國進口商品徵收額外關稅，關稅將於 2018 年 9 月 24 日生效，2018 年年底前為 10%，2019 年 1 月 1 日起將增至 25%。同時，特朗普還稱，如果中國政府對美國農民和其他行業採取報復性行動，美國將「立即」對另外價值 2670 億美元的中國商品加徵關稅。這期間，中國政府也對美國採取了反制措施。2018 年 7 月 6 日，中國將對原產於美國的 545 項約 340 億美元的進口商品加徵 25% 的關稅，其中，汽車類商品涉及 28 項。2018 年 8 月 8 日，國務院關稅稅則委員會決定，自 2018 年 8 月 23 日 12 時 01 分起對價值 160 億美元的美國產品加徵 25% 的關稅。

在美國《對華 301 調查報告》中，存在着對中國技術創新和製造業發展的許多不實判斷和無端指責，例如指責中國政府要求美國企業組建合資公司和技術轉讓；指責在中國許多核心產業中外國投資者仍面臨所有權限制；指責中國政府提供充足的資金對美國公司和資產實施了廣泛的系統性投資和收購，獲得先進的技術；指控中國強制規定中國的信息網絡中使用的產品有中國或其控制的實體公司開發和生產等等。美國貿易代表辦公室發佈《對華 301 調查報告》（以下簡稱《報告》）稱，「USTR 認定，中國政府有關技術轉讓、知識產權和創新的法律、政策和做法是不合理或者具有歧視性的」，還列舉了大量的案例予以證明，並以此為依據，美國政府挑起了中美貿易摩擦。雖然客觀上看該《報告》也指出了中國一些現行制度和做法與國際通行規制的差異，但是，總體上看，該《報告》存在大量的主觀臆斷和錯誤認識，《報告》論證也有諸多邏輯混亂之處，以《報告》結論為基礎發展貿易摩擦，實際就是欲加之罪，何患無辭。從《報告》指責中國的製造業技術轉讓問題來看，至少存在

三方面錯誤。

　　一是論證過程存在邏輯誤導。該《報告》認為中國充分利用外方所有權股比限制、審批程序來強制或者迫使美國企業轉讓技術，而論證支持這個觀點的材料主要是一些行業的案例或者一些商會的調查。但實際上基於該《報告》所提供的這些論證材料得出中國強迫美國公司進行技術轉讓的判斷存在以偏概全、牽強附會、無中生有、誇大渲染等諸多方面的邏輯誤導。例如，《報告》抨擊《中國外商投資產業指導目錄》（2017年版）「在許多核心產業，外國投資者仍面臨所有權限制」，「35 個行業為限制類，存在股權限制或本地合作要求」。但該《報告》並沒有全面指出實際上該目錄列出的鼓勵類產業高達 348 個，而限制類和禁止類產業基本上是關係國家安全的產業，美國同樣存在出於國家安全等需要對外國投資者進行限制的行為。又如，《報告》給出一些面上調查基本來自美國商會，調查結果也只是擔心被強制技術轉讓之類的主觀感受指標（「35% 受訪企業擔心實際的技術轉讓要求成為市場准入條件」），並沒有實際發生了多少起被強制技術轉讓事件等客觀數據，無法成為「業務許可核准與外資企業股比限制」和「強制技術轉讓」有關聯的直接證據，根據美國商會這些調查，《報告》推定「股比限制和業務許可核准」就是為了「強制技術轉讓」的結論十分牽強。再如，引用美國商會報告，《報告》莫須有地指責《中國製造 2025》將技術轉讓給中國合作方作為市場准入條件，但是實際上《中國製造 2025》十分強調和鼓勵提高製造行業利用外資與國際合作水平。還如，《報告》通過誇大技術轉讓對本土企業創新能力提升的重要性，來渲染中國政府強制技術轉讓的強烈意願。《報告》中專門列舉了「長安模式」案例——長安集團通過政府規定的強制性合資獲得合資方技術後控制了核心生產技術。但是，《報告》卻忽視了長安集團長期大幅度增加研發投入培育自主創新能力的事實。實際上長安集團是在引進消化基礎上再吸收的技術創新典範，但這種技術轉讓也完全是企業自願行為，是各方企業自身發展戰略的需要。德國、日本、

韓國等國家也都鼓勵這種企業創新行為。而且,從絕大多數在中國的汽車合資企業看,發達國家跨國公司雖然不具有絕對控股,但由於掌握核心技術,所以還是佔有主導權的,而跨國公司對中國民族汽車企業技術升級的幫助並不明顯,在一定程度上存在中國企業失掉了市場卻並未換來技術的問題。

二是對國有企業行為存在嚴重誤讀。《報告》列舉了一些國有企業的案例,將國有企業行為等同於政府行為,國有企業從合資方或者國外收購先進技術是政府行為。中國國有企業改革已經經歷了 40 年,實際上中國國有企業生存發展狀態已經非常多元化了,2013 年以後按照十八屆三中全會文件要求,中國的國有企業已經開始實施分類改革與治理,雖然存在一些深受政府影響的公共政策類企業,但數量非常少,絕大多數國有企業已經是具有現代多元化產權結構、市場化管理機制的商業類企業——「新國企」,這些「新國企」與民營企業一樣是追求利潤最大化的,其技術收購戰略和國際化戰略都是企業自身行為。《報告》指出 2000—2016 年 1395 起中國企業在美的投資收購案中,中國國有企業實施了 351 宗,佔比約為 25%,但並沒指出這 351 宗投資收購案實施主體的國有企業是什麼類型的國有企業。在中國國有企業日益多元化、大多數國有企業都已經成為市場化主體「新國企」的情況下,以此證明中國政府主導的收購佔有相當的比重無疑是存在嚴重的邏輯漏洞的。基於這樣的證明,《報告》進一步得出結論「中國政府提供充足的資金對美國公司和資產實施了廣泛的系統性投資和收購,獲得先進的技術」——無疑是錯誤的。中國企業的對外投資是企業的市場化行為,隨着中國產業的升級和市場競爭加劇,中國企業自身需要推動技術水平的提高,通過收購獲得技術是國際慣例。國際經濟學界公認企業跨國投資存在所謂「技術尋求型」跨國併購戰略,中國企業發展到一定階段實施「走出去」戰略,在海外設立研發中心或者進行海外收購、技術型併購,即使存在個別高於一般市場價格併購標的的案例,總體上也都是全球化背景下「雙

贏」合作的正常企業行為，將其誤讀為政府干預下謀求知識產權是完全沒有道理的。

三是對產業政策目標存在主觀臆斷。毋庸諱言，中國作為發展中國家一直重視實施產業政策促進經濟發展，而且，中國從一個貧窮落後的農業國發展成為一個經濟總量世界第二的工業大國，產業政策發揮了至關重要的作用。20世紀90年代中國出於適度保護本土產業和國家經濟安全的目的開始頒佈《外商直接投資產業指導目錄》。在加入WTO後中國積極與國際慣例接軌，絕大多數行業在市場准入環節已經實現了內外資企業的同等待遇，少數存在外資進入股比限制或者禁止進入的行業均是出於國家安全、傳統文化保護目的，而不是《報告》對《外商直接投資產業指導目錄》之類的產業政策目的主觀臆斷為獲取技術。同樣，關於《中國製造2025》的目的，《報告》也存在諸多誤解和無端猜想。《中國製造2025》是以應對新一輪科技革命和產業變革為重點、以促進製造業創新發展為主題、以提質增效為中心、以加快新一代信息技術與製造業融合為主線、以推進智能製造為主攻方向的一個產業規劃。從本質上看，《中國製造2025》主攻「智能製造」，與美國「先進製造業夥伴計劃」主攻「工業互聯網」、德國「工業4.0」主攻「物理信息系統」（CPS），並沒有什麼區別。而且學界專家編制的《中國製造2025技術路線圖》提到的市場佔有率、自主化率等目標，都只是一個預測性、信息引導性指標，不是政府設定的政策目標，不具有任何強制性，也沒有與政府的相關政策、資金投入等掛鈎。這只是堅持市場主導原則下的政府引導，這種做法在國外也並不鮮見。因此，《報告》認為《中國製造2025》限制外國企業市場經營或者將技術轉讓給中方作為市場准入條件，這是毫無根據的。需要指出的是，在中國2001年加入WTO後，需要無條件地遵循世貿組織《補貼與反補貼措施協定》和《與貿易有關的投資措施協議》，中國就一直在努力實現產業政策轉型，更多的是依靠競爭政策促進中國經濟發展。近年來中國的《反不正當競爭法》和《反壟斷法》對

於排除妨害競爭的不正當行為、建立公平的市場秩序、保護消費者和企業的正當利益發揮着日益重要的作用。至於《報告》中指責中國將《反壟斷法》作為產業政策工具而不是保護競爭、對某些外國企業存在歧視性執法則是沒有任何真憑實據的。

　　美國《對華 301 調查報告》之所以存在上述誤導、誤讀和臆斷問題，並不是偶然的。加入 WTO 後，在製造業全球分工的格局下，中國製造業升級步伐加快，中國產業結構從勞動密集型主導逐步轉向資金和技術密集型主導，產業和產品結構與美國的重合度越來越高，雙方在產業層面和技術層面的競爭日趨激烈。實際上，面對來自中國崛起的競爭壓力，近些年一些美國智庫不從美國自身找原因，而是將問題歸結為中國「逾規競爭」，並捏造出「創新重商主義」（Innovation Mercantilism）概念，將中國列為「創新重商主義」國家，毫無道理地指責中國採用的是通過減少進口、擴大出口高附加值產品、違反世貿組織精神及規則的經濟發展戰略。[1] 從一定意義上看，美國《對華 301 調查報告》是近些年這個錯誤學術思潮的政府翻版。

　　從實質上看，美國對華貿易調查及中美貿易摩擦的根本原因在於美國對中國製造業的快速發展的擔憂。美國《對華 301 調查報告》表面是針對貿易逆差，但其關鍵詞是「技術」，核心是維護美國在高科技領域的利益，遏制中國向製造強國轉型。從另一角度看，這恰恰說明，改革開放以來中國製造業發展取得了偉大的成就。中國的經濟總量 2010 年已經居世界第二位，到 2017 年已經超過了美國經濟總量的 60%，尤其是中國已經成為世界第一的製造大國，製造業是興國之器、強國之基、立國之本。隨着中國這個製造大國的崛起，試圖遏制中國從製造大國向製造強國轉變才是美國挑起對華貿易摩擦的戰略出發點。

1　［美］羅伯特·D. 阿特金森、史蒂芬·J. 伊澤爾：《創新經濟學——全球優勢競爭》，王瑞軍等譯，科學技術文獻出版社 2014 年版，第 220—238 頁。

二、偉大的中國工業革命

公元前 221 年秦始皇統一六國，建立了大一統的封建專制國家。在西方工業文明興起之前，中國歷經時代滄桑、朝代更迭，一直是世界上為數不多的具有古老文明和先進生產力的大國之一。但是，在公元 1800 年以後從英國開始，逐步發展至德國、美國等世界範圍的工業革命，結束了已經延續幾千年的農業文明，開啟了過去的 200 多年的現代工業文明。而中國這個古老的封建大國卻錯過了近代工業革命的機會，被現代化進程遠遠拋在了後面。

中華人民共和國成立以後，中國才真正開始了自己的工業化進程，初步奠定了工業化的基礎。但是，中華人民共和國的工業發展之路並不順利，工業化進程也幾經中斷，1958—1961 年由於「大躍進」損失慘重，尤其是「文化大革命」十年給中國的工業體系造成了巨大的破壞。總體而言，1978 年的中國，現代大工業體系已經具有一定基礎，但總體上還處於工業化初級階段，總體經濟發展水平還十分落後。

改革開放以後，中國開始了中國特色社會主義現代化建設的偉大實踐，改革開放 40 年帶來了翻天覆地的革命性巨變。如表 1-1 所示，改革開放 40 年，中國主要的工業產品產量都成百倍、千倍地增長，現在大都已居世界前列，原煤、水泥、粗鋼、鋼材和發電量都居世界首位，中國是名副其實的世界第一工業大國。

製造業是工業的主體和核心，中國工業大國的地位主要由製造業不斷發展壯大所支撐。[1] 世界 230 多個國家和地區都能見到中國製造的身影，在 2010 年以後中國就成為世界產出第一的製造大國。在聯合國工業

1　本書主題是製造業，但由於中國製造業數據獲得性比較差，有時候會用工業數據來代替說明製造業問題，當然這口徑相對比較大，一般經驗數據是中國製造業增加值是工業的 90% 左右。本書後面論述時就不再一一說明。

表 1-1　改革開放 40 年中國主要工業產品產量變化情況（1978 年與 2017 年數據）

產品	1978 年	2017 年	指數（2017 年是 1978 年的百分比）	世界位次
原煤（億噸）	6.2	35.2	567.7	1
原油（萬噸）	10405.0	19150.6	184.1	4
天然氣（億立方米）	137.3	1480.3	1078.2	—
水泥（萬噸）	6524.0	234000.0	3586.8	1
粗鋼（萬噸）	3178.0	83172.8	2617.1	1
鋼材（萬噸）	2208.0	104958.8	4753.6	1
汽車（萬輛）	14.9	2901.8	19469.8	—
金屬切削機牀（萬台）	18.3	67.3	367.2	—
發電量（億千瓦）	2566.0	64951.4	2531.2	1

註：金屬切削機牀數據為 2016 年數據，世界位次為 2015 年數據。

資料來源：國家統計局：《中國統計年鑒（2017）》，中國統計出版社 2017 年版，第 6 頁；國家統計局：《中華人民共和國 2017 年國民經濟和社會發展統計公報》，《人民日報》2018 年 3 月 1 日；國家統計局國際司：《國際地位顯著提高　國際影響力明顯增強——黨的十八大以來經濟社會發展成就系列之二》，2017 年 6 月 21 日，國家統計局網站（http://www.stats.gov.cn/tjsj/sjjd/201706/t20170621_1505616.html）。

大類目錄中，中國是唯一擁有所有工業門類製造能力的國家，現在中國 500 種主要工業品中有 220 多種產量位居全球第一。[1] 如圖 1-1 所示，據聯合國統計司數據庫數據，到 2016 年，中國製造業增加值達到 30798.95 億美元，佔世界比重達到 24.5%，比世界第二位的美國製造業增加值 21830 億美元多出了近萬億美元，幾乎是世界第二位美國和第三位日本製造業增加值的總和。在 1984 年，美國製造業增加值佔世界比例曾達到過 29%，幾經起伏，2016 年美國製造業增加值佔全球製造業比例只有 17.3%；日本在 20 世紀 90 年代製造業增加值佔全球製造業增加值比例曾達到 21.5% 的峰值，但到 2016 年，該比例下降到只有 7.7%。

1　魏際剛：《中國產業中長期發展戰略問題》，《中國經濟時報》2015 年 5 月 5 日。

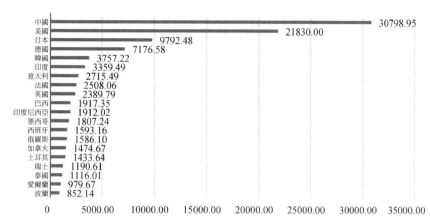

圖 1-1　2016 年世界主要國家製造業增加值（億美元）
資料來源：聯合國統計司數據庫。

實際上，正是由於中國製造業的快速發展，世界製造業的格局才發生了巨大的變化。總體而言，雖然高收入國家仍佔據世界製造業增加值大約60% 的比例，但是近 20 年高收入國家製造業增加值比重在不斷下降，在很大程度上與亞洲特別是中國相關。中國佔全球製造業增加值的比重從 1970 年的可忽略不計上升到 2016 年的佔據全球 1/4。[1]

　　改革開放 40 年，中國迅速成長為世界第一工業大國、第一製造業大國，這是一個 13 億多人口大國的工業化進程，這是一個持續 40 年工業平均增長超過兩位數的快速發展過程，這在人類歷史上可以說是「前無古人」的。如果說，古老的中國錯過了 200 年前的工業革命，那麼，改革開放 40 年則是中國在 20 世紀末期開啟的自己的偉大工業革命歷程。[2]

[1] 瑪麗・霍爾沃德-德里梅爾（Mary Hallward-Driemeier）、高拉夫・納亞爾（Gaurav Nayyar）：《不斷變化的全球製造業格局：12 個事實》，《中國經濟報告》2018 年第 4 期。
[2] 文一：《偉大的中國工業革命——「發展政治經濟學」一般原理批評綱要》，清華大學出版社 2017 年版，第 7 頁。

三、「大而不強」與「雙端擠壓」

在認識到改革開放 40 年偉大的中國工業革命取得巨大成就的同時，還必須看到中國製造業「大而不強」的基本經濟國情，還必須認識到製造業發展的不平衡不充分問題十分突出。

一是製造業產業結構發展不平衡，製造業產業結構高級化程度發展不充分。中國製造業中，鋼鐵、石化、建材等行業的低水平產能過剩問題突出並長期存在，「去產能」成為供給側結構性改革的主攻方向之一；在製造業中傳統資源加工和資金密集型產業佔比還比較高，高新技術製造業佔比還較低。雖然近些年中國製造業高技術產業增速遠遠高於整體工業增速，但到 2017 年，醫藥製造業，航空、航天器及設備製造業，電子及通信設備製造業，計算機及辦公設備製造業，醫療儀器設備及儀器儀錶製造業，信息化學品製造業這六大高技術製造業增加值佔規模以上工業增加值的比重也只達到 12.7%，遠低於六大高耗能行業佔規模以上工業增加值的比重。從產業技術能力看，「工業四基」能力還有待提升，傳統製造業中的關鍵裝備、核心零部件和基礎軟件嚴重依賴進口和外資企業，一些重大核心關鍵技術有待突破，新興技術和產業領域全球競爭的制高點掌控不足。高檔數控機牀、集成電路、高檔芯片、精密檢測儀器等高端產品依賴進口。作為美國挑起的中美貿易摩擦的一部分，2018 年 4 月發生的「中興通訊事件」，充分說明了這一點。

二是製造業產業組織結構發展不平衡，產業組織合理化程度發展不充分，存在相當數量的「殭屍企業」，優質企業數量不夠，尤其是世界一流製造企業還很少。雖然從資產規模、銷售收入等指標看，中國已經湧現出了一批大型企業集團，根據美國《財富》雜誌公佈的「2017 年全球財富 500 強」名單，中國企業上榜數量達到 115 家，僅次於美國。但是，排名靠前的製造業企業很少，而且中國製造業企業更多的是規模指標佔優，在創新能力、品牌、商業模式、國際化程度等方面存在明顯的

短板和不足，從資產收益率、企業利潤和人均利潤等指標看，中國上榜製造業企業與歐美國家的世界 500 強企業還存在明顯差距。中國還缺少真正的世界一流企業。另外，近些年來，出現了許多「殭屍企業」，其經營狀況持續惡化，已不具有自生能力，但由於種種原因不能市場出清，主要依靠政府補貼、銀行貸款、資本市場融資或借債而勉強維持運營。

三是製造業產品結構發展不平衡，高品質、個性化、高複雜性、高附加值的產品的供給不充分。總體上看，製造業產品檔次偏低，標準水平和可靠性不高，高端產品品牌培育不夠。2013—2017 年國內產品質量國家監督抽查合格率分別為 88.9%、92.3%、91.1%、91.6%、91.5%，與一般國外 99% 以上的合格率相比還有較大差距。中國出口商品已連續多年居於歐盟、美國通報召回之首。根據世界品牌實驗室公佈的「2016 年世界品牌 500 強」名單，中國入選品牌 36 個，僅佔 7.2%，而美國則佔據其中的 227 席。全球知名品牌諮詢公司 Inter-brand 發佈的 2016 年度「全球最具價值 100 大品牌」排行榜中中國製造業產品品牌只佔有 2 席。

從國際競爭角度看，未來中國製造業發展也面臨着「雙端擠壓」格局。自產業革命開拓機器大生產開始，國際分工經歷了工業製成品與農礦業的傳統產業間分工、工業內部各產業各產品部門的產業內分工，發展到同一產品不同價值鏈增值環節的產品內分工。20 世紀 90 年代以後，由於產品模塊化程度的提升和生產過程可分性增強，以及信息技術、交通技術等「空間壓縮」技術帶來的交易效率提高和交易成本的下降，因而基於價值鏈不同工序、環節的產品內分工獲得極大的發展，全球價值鏈分工成為一種主導的國際分工形式。從分工角度看，後發國家的製造業轉型與發展的關鍵是要解決如何實現從全球價值鏈低端向中高端攀升的問題。改革開放以來，中國製造業抓住了全球化帶來的機遇，積極融入全球分工體系，逐步推進了自給自足的封閉經濟向利用國內外兩個市場、國內外兩種資源的開放經濟轉變。近些年中國製造業呈現出在全球價值鏈中從低端向中高端攀升的趨勢。但是，未來中國向全球價

值鏈高端攀升過程中面臨着發達國家的高端擠壓和新興經濟體低端擠出的「雙端擠壓」格局。

一方面，國際金融危機以後，發達國家反思了「製造業空心化」產生的問題，紛紛推進了「再工業化」戰略，推出了以製造業信息化和製造業服務化為核心的各類製造業發展戰略和規劃，如美國提出「先進製造業國家戰略計劃」、德國提出「工業4.0」，試圖在「第三次工業革命」中牢牢佔據製造業高端，對中國製造業形成高壓態勢。同時，發達國家加速構建新一輪全球貿易、投資秩序新格局，通過積極推進TPP（跨太平洋夥伴關係協定）、TTIP（跨大西洋貿易與投資夥伴協議），組織創建超越WTO規範的全面性經貿自由化網絡，這將成為制約中國製造業融入新的貿易、投資秩序的重大障礙，對中國產品向TPP成員國出口造成威脅，對中國在全球製造業競爭體系中的比較成本優勢形成衝擊。尤其是中美貿易摩擦背景下，美國不僅對中國產品增加關稅，極大地提高了中國製造的成本，更為關鍵的是，中國將面臨美國對中國進行技術封鎖的巨大壓力，這對未來中國製造技術創新的戰略、創新生態培育都會帶來極大的變數。

另一方面，新興經濟體快速崛起，發展中經濟體如東盟、印度等將以更加低廉的成本優勢實現對中國製造的替代。例如，泰國的製造業勞動生產率與中國大致相當，但人均工資水平卻顯著低於中國；而越南、印度和印度尼西亞的製造業勞動生產率和平均工資均低於中國。隨着這些國家的經濟發展，其製造業區位吸引力會快速提升，對中國引資的替代效應將逐漸增強。因此，未來中國製造業在攀升全球價值鏈過程中必須突破高端被發達經濟體封殺、低端被新興國家阻擊的「夾擊」格局。

改革開放40年來，中國製造業發展取得了輝煌的成就，已經成為世界第一製造大國，但是未來中國從製造大國向製造強國轉型之路並不平坦，充滿了挑戰和風險。認清自我、把握機遇、迎接挑戰、尋求突破，是中國製造業發展的必然選擇。

第 二 章

40 年的工業化進程

　　製造業發展是工業化戰略的核心，理解中國製造業必須將其置於中國工業化進程這個大的坐標中去分析。中華人民共和國成立以來，中國共產黨領導中國人民積極探索自己的工業化道路，先後提出了工業化、「四個現代化」、新型工業化、「四化同步」等既相互聯繫又有區別的發展戰略。尤其是改革開放以來，在中國特色社會主義理論指導下，中國推動了快速的工業化進程，創造了人類工業化史的奇蹟，利用不到 40 年的時間使中國這個十幾億人口的大國從工業化初期步入工業化後期，在一個積貧積弱的大國基礎上總體建成了小康社會。成為一個工業化國家，是中華民族實現偉大復興的一個重要標誌，實現工業化是「中國夢」一個重要經濟內涵。

一、中國工業化的水平

　　無論是在學界，還是在政府以及其他社會各界，雖然工業化概念被廣泛地使用，但是工業化內涵往往被錯誤理解為工業的發展水平。實際上從傳統意義上看，工業化一般應該被理解為工業驅動的一個國家或地區人均收入的提高和經濟結構高級化的經濟發展和經濟現代化過程，一個國家工業化階段所描述的是其經濟發展和經濟現代化水平。[1] 從發展經

1　因此，對於一個國家而言，即使一些工業行業或者工業產品發展水平不高，也並不意味着這個國家不可以實現工業化。對應到中美貿易摩擦討論的一個熱點，那種認為因為中國不掌握芯片的關鍵技術就不敢奢談實現工業化的觀點，無疑是對工業化的片面理解。這一方面因為工業化更多反映的是整體經濟發展水平，不能單純以某些關鍵技術的掌握與否判斷工業化水平，另一方面因為在當今全球分工的前提下，並不是所有的工業化國家都需要掌握所有的工業技術，哪怕是關鍵技術。

濟學看，工業化實質是國民經濟中一系列重要的生產要素組合方式連續
發生由低級到高級的突破性變化，進而推動經濟增長的過程。[1] 也正是這
個原因，雖然現代發達國家的產業結構從數量比例看早已經是服務業主
導，但仍被認為是工業化國家，而且當今世界又處於新一輪工業革命過
程中。從現代化視角看，工業化可以認為就是經濟現代化。對於現代化
一個比較普遍的解釋就是，人類社會從傳統社會向現代社會轉變的歷史
過程，而社會變遷的動力是經濟增長和結構變革，這也就是工業化。這
意味着現代化的實質就是由工業化驅動的現代社會變遷的過程，那麼，
從時間進程看，工業化是先於或者至少與現代化同步實現。因此，中國
要建設富強民主文明和諧美麗的現代化強國，就需要積極推進工業化進
程，實現工業化，構建現代化的動力機制。黨的十八大提出到 2020 年全
面建成小康社會的現代化戰略目標時，就把基本實現工業化作為全面建
成小康社會的經濟建設的重要標準。黨的十九大指出從現在到 2020 年是
全面建成小康社會的決勝期，這也就意味着，基本實現工業化也就成為
今後三年經濟建設決勝的關鍵要求。那麼，中國工業化現階段處於什麼
水平，到 2020 年能否基本實現工業化呢？

　　按照工業化理論，可以把工業化進程劃分為前工業化、初期、中
期、後期和後工業化階段。在 2005 年，我們利用人均 GDP、三次產業
產值比例、製造業增加值佔總商品增加值比例、人口城鎮化率、第一產
業就業佔總體就業比重五個指標並賦予不同權重，取工業化國家這五個
指標在不同工業化階段的經驗數值範圍作為標準值，構造了工業化水平
綜合指數（見表 2-1）。對應工業化的前工業化、初期、中期、後期和
後工業化階段，該指數分別取值為 0、1—33、34—66、67—100 和大於
100。

1　張培剛：《農業與工業化（上卷）——農業國工業化問題初探》，華中工學院出版社
　　1984 年版，第 82 頁。

表 2-1　工業化不同階段的標誌值

基本指標	前工業化階段（1）	工業化實現階段			後工業化階段（5）
		工業化初期（2）	工業化中期（3）	工業化後期（4）	
人均 GDP（2010 年美元）（經濟發展水平）	827—1654	1654—3308	3308—6615	6615—12398	12398 以上
三次產業增加值結構（產業結構，其中 A 代表一次產業、I 代表二次產業、S 代表三次產業）	A＞I	A＞20%，且 A＜I	A＜20%，I＞S	A＜10%，I＞S	A＜10%，I＜S
製造業增加值佔總商品增加值比重（工業結構）	20% 以下	20%—40%	40%—50%	50%—60%	60% 以上
人口城鎮化率（空間結構）	30% 以下	30%—50%	50%—60%	60%—75%	75% 以上
第一產業就業人員佔比（就業結構）	60% 以上	45%—60%	30%—45%	10%—30%	10% 以下

資料來源：陳佳貴、黃群慧、鍾宏武：《中國地區工業化進程的綜合評價和特徵分析》，《經濟研究》2006 年第 6 期。本表人均 GDP 標準是按照 2010 年美元計算的，根據美國經濟研究局網站數據獲得的 GDP 折算係數進行了計算。

　　我們利用工業化水平綜合指數最新測算表明，在經歷了「十一五」時期的快速增長後，2010 年中國工業化水平指數為 66，處於工業化中期的後半階段，即將步入工業化後期。2011 年以後中國工業化水平就進入工業化後期。雖然整個「十二五」時期中國經濟逐步進入增速放緩、結構趨優的經濟新常態，到 2015 年，中國的工業化水平指數達到 84，快速推進到工業化後期的後半階段（見表 2-2）。這意味着中國離基本實現工業化已經很近，而且我們從來沒有離實現工業化如此之近。[1]

1　黃群慧、李芳芳等：《中國工業化進程報告（1995~2015）》，社會科學文獻出版社 2017 年版，第 47 頁。

表 2-2　2015 年中國工業化水平指數

階段		全國	四大板塊	九大區域	31 省市區
後工業化階段（五）					北京、上海、天津
工業化後期（四）	後半階段	全國（84）	東部（95）	長三角（98）、珠三角（96）、京津冀（93）、環渤海（92）、長江經濟帶（85）	浙江（97）、江蘇（96）、廣東（96）、遼寧（91）、福建（91）、重慶（88）、山東（88）
	前半階段		東北（76）中部（71）	東三省（76）中部六省（71）	湖北（76）、內蒙古（75）、吉林（75）、河北（70）、江西（70）、湖南（70）、陝西（69）、安徽（69）、河南（66）
工業化中期（三）	後半階段		西部（58）	大西北（58）大西南（58）	四川（64）、青海（62）、寧夏（58）、廣西（58）、山西（57）、黑龍江（53）
	前半階段				西藏（47）、新疆（44）、甘肅（43）、海南（42）、雲南（41）、貴州（39）
工業化初期（二）	後半階段				
	前半階段				
前工業化階段（一）					

註：括號中的數字為相應的工業化綜合指數。

資料來源：黃群慧、李芳芳等：《中國工業化進程報告（1995～2015）》，社會科學文獻出版社 2017 年版，第 47 頁。

　　我們可以進一步對 2020 年的工業化水平進行粗略估計。（1）從總體工業化水平指數看，如果我們根據「十二五」時期工業化速度推測，假定「十三五」期間中國能夠保持「十二五」時期工業化速度，到 2020 年工業化水平綜合指數將超越 100。但是考慮到工業化後期工業化進程逐步放緩的趨勢，只要「十三五」時期工業化速度不大幅低於「十二五」時期（不低於 60%），到 2020 年工業化水平綜合指數也會大於 95，大體接近 100。另外，如果採用計算出 1990—2015 年中國歷年的工業化綜合指數，我們將這一時間序列利用 Matlab 軟件進行「S」形軌跡的擬

合，結果在 2025 年前後工業化水平綜合指數達到最大值 100。（2）從工業化進程的具體衡量指標看，到 2020 年，中國人均 GDP 將超過 1.2 萬美元，服務業比重達到 55% 以上，製造業增加值佔商品增加值比例 60% 左右，城鎮化率超過 60%，三次產業結構非農產業就業佔比超過 80%。人均 GDP 指標和三次產業產值結構指標已經落到了後工業化階段標準值範圍中；製造業增加值在 2010 年已經超過了 60%，達到後工業化後期的階段，近年有下降趨勢，大體應該能夠穩定在工業化後期階段標準值範圍中；城鎮化率和三次產業結構中非農產業佔比指標值則屬於工業化後期的標準值範圍。（3）從具體省級區域看，到 2015 年，上海、北京和天津都已經步入後工業化階段，浙江、江蘇、廣東、福建等東部地區的工業化水平綜合指數也已經大於 90，預計到 2020 年，絕大多數東部省份和部分中部省份會步入後工業化階段，大多數中部省份會步入工業化後期後半階段，而一半左右的西部省份將步入工業化後期的前半階段。因此，綜合上述三方面的分析，對於中國這個預計 2020 年人口將達到 14.2 億的大國而言，中國工業化水平綜合指數大體接近 100，人均 GDP 和三次產業產值比例這兩個關鍵指標達到後工業化階段標準，可以認為中國已經基本實現了工業化，完成了黨的十八大提出的基本實現工業化總體目標。但是，由於中國工業化進程的不平衡性，人口城鎮化率相對於工業化國家還較低，一些中西部省份工業化水平還較落後，到 2020 年，中國還沒有全面實現工業化，還不是一個真正意義的完全的工業化國家。這意味着，2020 年中國基本實現工業化後，還面臨着繼續深化工業化進程、推進全面實現工業化的重大任務。

如果到 2035 年，再經過 15 年左右工業化進程的深化，不僅工業化水平綜合指數肯定超過 100，而且各個單項指標都會有更大的進展。綜合現有的各家機構預測，在 2035 年前後，中國 GDP 總量將超過美國成為世界第一，人口城鎮化率也將超過 70%，服務業增加值佔比超過 65%，非農就業佔比達到 90%。按這些指標看，中國大致會處於後工業

化階段。從各個省級區域看，絕大多數省份都會步入後工業化階段。而且，基於《中國製造 2025》規劃，在 2025 年中國將步入世界製造強國行列，2035 年將達到世界製造強國的中等水平，這也意味着 2035 年前後中國一定是一個工業化國家。因此，如果不出現大的曲折，中國將在 2035 年前後全面實現工業化，進入工業化國家行列。

從工業化史看，經過 200 多年的發展，世界上也只有約 10 億人實現了工業化，而中國的工業化是一個具有超過 13 億人口的大國的工業化，因此，中國的工業化進程對整個人類的工業化進程具有「顛覆性」的作用，中國是否實現了工業化，不僅僅事關一個國家能否繁榮富強，還決定着整個人類的現代化進程，中國的工業化進程將改寫人類歷史。中國工業化對世界工業化進程的貢獻還不僅如此。2013 年 9 月和 10 月由中國國家主席習近平分別提出建設「新絲綢之路經濟帶」和「21 世紀海上絲綢之路」的「一帶一路」倡議。通過「一帶一路」建設，中國將與「一帶一路」沿線國家通過政策溝通、設施聯通、貿易暢通、資金融通、民心相通的「互通互聯」，通過工業產能合作以及其他各個方面的更廣、更深層次的區域經濟合作，促進「一帶一路」沿線國家產業升級、經濟發展和工業化水平的進一步提升，這對世界工業化進程的推進意義是十分巨大的。

二、中國工業化的特徵

從工業化史看，各個國家的工業化進程是有其共性的，但也因為資源稟賦、時代變化等國情與世情的不同而有着自己獨特之處。改革開放 40 年，中國的工業化進程可以概括為以下幾方面特徵。[1]

---

1   黃群慧、郭朝先等：《可持續工業化與創新驅動》，社會科學文獻出版社 2017 年版，第 13–27 頁；黃群慧：《中國工業化進程：階段、特徵與前景》，《經濟與管理》2013 年第 7 期。

第一，中國的工業化是一個具有十幾億人口大國的工業化，中國的人口超過了所有工業化國家和地區人口的總和。

根據世界銀行的數據，迄今為止約有 35 個國家和地區達到了人均 GDP 約 1 萬美元（2000 年不變價美元）以上，也就是說，如果簡單按照人均 GDP 指標來判斷一個國家和地區是否實現了工業化，那麼世界上約有 35 個國家和地區實現了工業化。[1] 其中，盧森堡、挪威、日本、美國、冰島、瑞典、瑞士、丹麥、英國、芬蘭、奧地利、荷蘭、加拿大、德國、比利時、法國、澳大利亞、巴哈馬群島等國家和地區早在 1970 年以前就實現了工業化；以色列、意大利、中國香港、愛爾蘭、新加坡、中國台灣、中國澳門、西班牙、塞浦路斯、韓國、希臘、安提瓜和巴布達、葡萄牙等國家和地區則是在 20 世紀末（20 世紀 70—90 年代）先後實現了工業化；進入 21 世紀後，斯洛文尼亞、馬耳他、特立尼達和多巴哥、阿根廷等先後達到了工業化國家人均 GDP 標準。這 35 個國家和地區的人口總和約為 10.3 億人，而 2017 年中國大陸的人口就達到了約 13.9 億人。從工業化史看，經過 200 多年的發展，世界上也只有約 10 億人實現了工業化，而中國的工業化則是一個具有 13 億人口大國的工業化，因此，中國的工業化進程對整個人類的工業化進程具有「顛覆性」的作用，中國是否實現了工業化，不僅僅事關一個國家能否繁榮富強，還決定着整個人類的現代化進程，中國的工業化進程將改寫人類歷史。

第二，中國的工業化是一個長期、快速推進的工業化，世界上還很少有國家能夠長期保持如此高的工業化速度。

改革開放 40 年帶來了翻天覆地的革命性巨變。2016 年中國經濟總量是 1978 年的 32 倍，1978—2016 年中國年均經濟增速達到了 9.6%，人均國內生產總值的平均增速達到 8.5%。而 2016 年第二產

1　一些中東國家，僅僅依靠石油出口而使得人均 GDP 超過 1 萬美元，這裏沒有將其列為工業化國家。

業生產總值則是 1978 年的 50 倍，1978—2016 年第二產業增加值平均增速更是高達 10.9%。從國際比較看，後發經濟體追趕過程中會出現相當長一段時間的經濟高速增長，這段時間一般持續 20 多年。第二次世界大戰後，經濟增長率超過 7%、持續增長 25 年以上的經濟體除中國大陸以外還有博茨瓦納、巴西、中國香港、印度尼西亞、日本、韓國、馬來西亞、馬耳他、阿曼、新加坡、中國台灣和泰國 12 個。其中，日本 1951—1971 年平均經濟增速為 9.2%，中國台灣地區 1975—1995 年的平均經濟增速為 8.3%，韓國 1977—1997 年平均經濟增速為 7.6%。從現在看，只有中國把如此高的經濟增速持續了 40 年，雖然我們無法確定這個偉大的經濟增長奇蹟是否會「後無來者」，但可以確信是「前無古人」的。

第三，中國的工業化是一個發展不平衡不充分的工業化，表現為產業結構失衡和區域工業化水平差異巨大。

在認識到中國工業化取得巨大成就的同時，我們必須看到相對於人民日益增長的對美好生活的需要，中國工業化進程還存在發展不平衡和不充分的問題。具體而言，這至少表現為以下幾個方面。一是工業化進程的區域發展不平衡，一些區域的工業化水平不充分。由於梯度發展戰略，以及各個區域資源稟賦、工業發展基礎差異等原因，中國的工業化進程在不同地區發展極不平衡，總體上呈現出東部、中部和西部逐步降低的梯度差距。到 2015 年，上海、北京、天津已經步入後工業化階段，其他大部分東部省份處於工業化後期，而大部分中西部省份基本還處於工業化中期。二是產業發展的結構不平衡，創新能力和高端產業發展不充分。由於長期的低成本出口導向工業化戰略主導，中國自主創新能力還有待提升，這造成中國產業結構高端化水平不夠。一方面，鋼鐵、石化、建材等行業的低水平產能過剩問題突出並長期存在，存在大量的「殭屍企業」；另一方面，高端產業發展不夠和產業價值鏈高端環節佔有不足，關鍵裝備、核心零部件和基礎軟件等嚴重依賴進口和外資企業。

三是實體經濟與虛擬經濟發展不平衡，高質量實體經濟供給不充分。隨着中國工業化步入後期階段，近些年中國經濟開始呈現「脫實向虛」的傾向，實體經濟在國民經濟佔比日益降低，2011—2016 年作為實體經濟核心的製造業增加值佔 GDP 比例下降了將近兩個百分點，而同期金融業增加值佔 GDP 比例迅速提高了 2.1 個百分點。2015 年和 2016 年金融業增加值佔 GDP 比例連續兩年都達到 8.4%，這已經超過了美國金融危機時的歷史最高點。實體經濟不僅增速下降，而且整體供給質量也亟待提升。四是工業化速度與資源環境承載力不平衡，綠色經濟發展不充分。中國這個 13 億多人口的國家的快速工業化進程，給資源環境的承載力提出了極大挑戰。雖然中國一直倡導實施環境友好型的新型工業化道路，但客觀上資源環境還是難以承受如此快速的大國工業化進程，環境污染問題比較突出，資源約束日趨緊張。為了解決工業化帶來的環境資源問題，大力發展綠色經濟是必然的選擇。綠色經濟的本質是生態環境與經濟發展相協調的可持續發展經濟，強調從社會及其生態條件出發，將環保技術、清潔生產工藝等眾多有益於環境的技術轉化為生產力，是一種環境可承受的經濟發展模式。中國在綠色經濟發展方面，無論是技術水平還是產業規模，都還有很大的發展空間。

　　第四，中國工業化是外向型工業化，不僅得益於上一輪全球化背景，在「一帶一路」倡議的號召下，中國工業化進程對未來全球化的影響日益深遠。[1]

　　中國的工業化是一個低成本的出口導向的工業化，幾乎在世界的每個角落都能夠找到價廉物美的中國製造產品。出口導向和進口替代是後發國家實現工業化過程中常採用的兩種發展戰略，各有不同的優缺點。由於進口替代發展戰略在中國實施時產生了許多弊端，以及日本和亞洲「四小龍」運用出口導向發展戰略獲得成功的示範作用，中國逐漸從

1　黃群慧：《中國工業化進程及其對全球化的影響》，《中國工業經濟》2017 年第 6 期。

進口替代轉向了出口導向發展戰略。長期以來，中國的勞動力成本一直比較低，中國環境污染是低付費的，依靠引進為主的技術進步也是低成本的，人民幣幣值是低估的，這構成了中國低成本比較優勢，成為企業競爭力的主要源泉，也是中國可以實施出口替代戰略的基礎。低成本出口導向戰略在中國的實施，現在看來雖然也產生了許多不可輕視的負面效應，例如對國內資源破壞嚴重、壓制了勞動者福利水平的提高、引發了大量的貿易摩擦、削弱了國內消費的擴張等，但是中國低成本出口導向工業化戰略成績斐然，為中國經濟保持長期穩定的增長做出了巨大貢獻，同時也為世界的經濟發展做出了貢獻。

隨着中國工業化進程逐步推進，已經步入工業化後期的中國工業化對全球化的貢獻將不僅僅主要停留在基於中低價值鏈環節的全球分工格局下的低成本產品出口，而是將會表現為資本、技術和勞動力等生產要素的全面的國際流動，也就是「一帶一路」倡議下的國際合作。

工業產能合作是中國工業化發展到後期階段的新的合作方式，會對推進全球化進程產生新的巨大影響。所謂產能合作可以理解為在兩個或者多個存在意願和需要的國家或地區之間進行產能資源跨國或者跨地區配置的活動。產能合作的合作機制一般表現為在政府達成「互聯互通」、多邊合作共識國際規則的前提下，藉助多邊投資機制，基於產業互補性推進的企業和項目合作。從現有的中國與「一帶一路」沿線國家合作的案例看，合作項目多是具有基礎設施投資性質的、對民生有巨大貢獻的重大戰略性意義的工程。

從工業化視角看，「一帶一路」倡議的推出，表明一個和平崛起的大國的工業化進程正在產生更大的「外溢」效應。基於最初倡議，「一帶一路」沿線國家至少涉及包括東南亞、中亞、中東歐等地區的 65 個國家（包括中國在內），覆蓋約 44 億人口，經濟總量約 21 萬億美元，人口和經濟總量分別佔全球的 63% 和 29%。「一帶一路」發端於中國，貫通中亞、東南亞、南亞、西亞乃至歐洲部分區域，東牽亞太經濟圈，西系歐

洲經濟圈,這是世界上跨度最長的經濟大走廊,也是世界上最具發展潛力的經濟合作帶。我們研究表明,「一帶一路」沿線65個國家之間工業化水平差距較大,處於前工業化時期的國家有1個,處於工業化初期階段的國家有14個,處於工業化中期階段的國家有16個,處於工業化後期階段的國家有32個,而處於後工業化時期的國家只有2個。有14個國家的工業化水平高於中國,有44個國家的工業化水平低於中國。中國在「一帶一路」沿線國家中工業化水平處於上游的位置。[1]因此,中國的工業化經驗將對大多數「一帶一路」沿線國家具有借鑒意義。「一帶一路」沿線國家處於不同的工業化階段,具有不同的經濟發展水平,並形成了不同的優勢產業類型。而這些產業也形成了三種不同的梯度,即技術密集與高附加值產業(工業化後期國家)、資本密集型產業(工業化中期國家)、勞動密集型產業(工業化初期國家)。這就決定了中國與這些國家的產業合作空間巨大。通過產能合作,中國將會促進「一帶一路」沿線國家產業升級、經濟發展和工業化水平的進一步提升,這對世界工業化進程的推進意義重大。如果說,長期以來,中國在參與全球化進程中主要表現為以提供價廉物美的中國製造產品為主,那麼,在「一帶一路」合作框架下,中國也將給全球化帶來合作方所需要的一體化的服務方案。這意味着中國對全球化的影響更為深遠。

第五,中國實現的工業化是中國特色的新型工業化,是符合「四化」同步發展要求的、與信息化深度融合的工業化。

無論是到2020年中國基本實現工業化,還是到2030年中國全面實現工業化,我們需要明確的是,中國所實現的工業化,並不是傳統意義上的工業化,而是信息化時代以信息化引導工業化、信息化與工業化深度融合的新型工業化道路下的工業化。中國的工業化道路既要符合中國

---

1 黃群慧等:《「一帶一路」沿線國家工業化進程報告》,社會科學文獻出版社2015年版,第14—15頁。

工業化階段的國情，又要適應發達國家「再工業化」的世界工業化趨勢。與老牌工業化國家的發展環境不同，中國的快速工業化進程與世界信息化趨勢疊加。黨的十六大就提出，中國要走區別於傳統工業化道路的新的工業化道路。所謂新型工業化道路就是堅持以信息化帶動工業化，以工業化促進信息化，具有科技含量高、經濟效益好、資源消耗低、環境污染少、人力資源優勢能充分發揮的特徵。黨的十八大提出要推進新型工業化、城鎮化、信息化和農業現代化「四化同步」發展。黨的十九大在對中國經濟從高速增長轉向高質量發展階段做出重大判斷的基礎上，進一步強調「四化同步」發展。從世界工業化發展趨勢看，美國國際金融危機後，發達國家更加關注以重振製造業和大力發展實體經濟為核心的「再工業化」戰略。「再工業化」戰略不是簡單地提高製造業產值比例，而是通過現代信息技術與製造業融合、製造與服務的融合來提升複雜產品的製造能力以及製造業快速滿足消費者個性化需求能力。在政府的大力推動下，製造業信息化和製造業服務化成為世界工業化進程的兩個重要趨勢。《中國製造 2025》的提出，也正是中國響應這種世界工業化發展趨勢而制定的一項深化工業化進程的戰略。

三、中國工業化的經驗

從哲學層面看，中國工業化基本經驗在於遵循了一個共性和個性相統一的基本原理，具體就是基本遵循了一個大國工業化進程的基本共性規律，但是又尊重了自己的獨特國情背景。改革開放以來中國工業化進程的國情背景主要體現為一定工業基礎、巨大國內市場、「無限供給」的低成本勞動力、相對穩定的環境、後發優勢等，構成了中國產業發展和推進工業化進程的「國情背景優勢」。但這種「國情背景優勢」並不必然導致成功的工業化進程，還需要基於工業化的共性規律制定科學的工業化戰略和產業發展政策。這些戰略要點和產業發展政策體系也就構成

了中國工業化的重要經驗。[1]

一是正確處理改革發展與穩定的關係，「穩中求進」保證產業持續成長和工業化進程持續深化。一個大國從發展中國家向發達國家發展的現代化進程，工業化是必由之路。工業化進程一旦開始，要保證這個過程不會由於戰爭、危機或社會動盪等各種原因被中斷，這個國家或者地區才可能保證產業不斷發展、產業結構不斷高級化。歷史上因危機或者戰亂而中斷現代化進程的國家並不鮮見，這也是為什麼世界工業化史已經 200 多年，但真正實現工業化的也只有 30 多個國家和地區的一個重要原因。因此，社會政治環境的穩定是產業持續發展和工業化進程持續推進的基本前提要求。中華人民共和國成立以後，中國一度曾由於「文化大革命」而使得中國的工業化進程中斷。改革開放以來，雖然也遇到了這樣那樣的問題與挑戰，但總體上保持了「漸進式」改革，始終堅持以「經濟建設為中心」的指導思想，以「穩中求進」為經濟改革發展工作的總基調，努力構建和諧穩定的發展環境，在保證經濟運行的穩定性基礎上，不斷深化改革和結構調整，促進中國產業持續成長和不斷深化工業化進程。當前已經處於工業化後期階段，需要繼續推進產業發展建設工業強國，而各種發展不平衡不充分問題比較突出，如區域發展差距、城鄉差距和社會分配不公、貧富差距過大、經濟「脫實向虛」、環境和資源制約等，出現危機和衝突的可能性進一步提升，這需要進一步處理好改革、發展與穩定的關係，堅持「穩中求進」工作總基調，更加強調社會經濟的協調可持續發展。

二是正確處理市場和政府的關係，不斷提高產業效率，促進產業向高端化。工業化是一系列基要生產函數（或者生產要素組合方式）由低級向高級的突破性變化或變革過程，這實質上是一個不斷技術創新的過程，工業進程深化的核心表現為通過技術創新實現產業效率的不斷提升

1　黃群慧：《改革開放 40 年中國產業發展與工業化進程》，《中國工業經濟》2018 年第 9 期。

和產業結構的持續高級化。而「創新驅動」的關鍵是必須正確處理市場和政府的關係，努力使市場在資源配置中起決定性作用，同時還要更好地發揮政府作用。迄今為止的中國產業發展和工業化進程的成功推進，在很大程度上得益於中國基於工業化發展階段，把握產業升級的方向，不斷提出合意的產業政策，實現產業政策與競爭政策有效協調，隨着工業化發展階段對產業政策內容、實施方式進行動態調整，有效地促進了技術進步、提高了產業效率並促進了產業結構高級化。從產業高端化和工業化深化的方向看，中國所實現的工業化，並不是傳統意義上的工業化，而是信息化時代以信息化引導工業化、信息化與工業化深度融合的新型工業化道路下的工業化。中國的工業化道路既要符合中國工業化階段的國情，又要適應發達國家「再工業化」的世界工業化趨勢──通過現代信息技術與製造業融合、製造與服務的融合來提升複雜產品的製造能力以及製造業快速滿足消費者個性化需求能力。《中國製造 2025》的提出，也正是中國響應這種世界工業化發展趨勢而制定的一項深化工業化進程的戰略。

三是正確處理中央政府與地方政府的關係，促進產業合理佈局和區域協調發展。中國幅員遼闊、人口眾多，各地的資源稟賦、經濟條件、文化習慣等差異性較大。因此，一個大國的產業發展與工業化進程，在正確處理好政府和市場的關係前提下，還要處理好中央政府與地方政府的關係，這是保證產業合理佈局和區域協調發展的必然要求。一方面，中央政府要制定整體區域協調戰略並保證有效實施。中國經濟發展的區域差距很大，長期以來形成了東中西三大區域梯度發展的格局。近年來，為了促進區域協調發展，持續推進了西部大開發、中部崛起、京津冀協同發展、推進長江經濟帶發展、東北老工業基地振興等重大區域發展戰略。中央政府要通過戰略實施和體制機制設計，協調各區域產業生產要素配置，促進產業生產要素跨區域的有效合理流動，化解產業資源配置在地區間不平衡、不協調的結構性矛盾，提高產業生產要素空間上

的配置效率，拓展產業發展空間。另一方面，還要充分發揮地方政府的積極性和創造性。中國產業發展非常重視地方政府的創新精神，鼓勵地方政府探索科學的區域工業化模式。伴隨着經濟體制改革的深入，中國各地方經濟發展的積極性和創造性被調動起來，各個地區結合自己的具體情況，創造出許多不同的經濟發展模式。中國曾產生了一些具有鮮明地區特點和時代特徵的經濟發展模式，例如「珠江三角洲模式」「蘇南模式」「溫州模式」等，這些模式在啟動條件、發動主體、資本形成方面都是不同的，但都促進了當地的工業化進程，成為工業化水平較高的工業化地區，進而對全國的工業化進程起到了巨大的帶動作用。在各地推進自己的工業化進程中，工業園區發揮了重要作用，工業園區是現代化產業分工協作生產區，包括經濟技術開發區、高新技術產業開發區、保稅區、出口加工區等。工業園區能通過政策引導聚集生產要素、提高集約水平、突出產業特色、優化產業佈局，對轉變經濟發展方式、推進工業化具有重要意義。

四是正確處理市場化與工業化的關係，培育全面持續的產業發展動力機制。中國基於自己社會主義計劃體制的基本國情，經過多年理論探索，形成了中國特色社會主義市場經濟理論體系，堅持毫不動搖地鞏固和發展公有制經濟，堅持毫不動搖地鼓勵、支持和引導非公有制經濟的發展。中國堅持市場化改革方向，為中國產業發展提供了多元的全面協調的動力機制。通過市場化改革的制度創新，培育了國內豐富、強大的動力源。這具體表現在市場化改革逐漸鬆開了傳統計劃體制對各種資源、要素、組織力量的束縛，激活了它們在舊體制下長期被壓抑與控制的能量，不僅充分釋放了非國有系統的資源、要素，而且全面調動了傳統國有系統本身的存量資源和原有的組織制度資源。通過堅持「兩個毫不動搖」培育了大量的市場主體，既包括通過深化國有企業改革將國有企業推向市場，也包括在市場中成長起來的大量個體民營企業以及通過開放引入的外資企業。公有制經濟尤其是國有企業，在彌補市場缺陷、

保障人民共同利益以及中國作為後發國家在一些重大戰略領域實現趕超等方面具有優勢，在事關國家發展重大戰略和國計民生重大事業方面發揮了重要作用。而個體、私營和外資等非公有制經濟在滿足市場多層次多樣化需求、提升供給質量和促進生產力平衡發展等方面具有獨特優勢，形成了中國產業發展多元混合動力優勢，促進了中國產業快速發展。

　　五是正確處理全球化與工業化的關係，形成全面開放發展的現代化產業體系。通過 40 年的對外開放，從設立特區，到開放沿海 14 個城市，再到加入 WTO，在中國市場對外開放的同時，也逐漸吸引大量的外資，引進了大量的先進技術和管理知識，同時也利用了國外的市場資源，實現了大量的出口，這極大地促進了中國產業發展和工業化進程。當今世界的產業發展處於一個全球價值鏈主導的時代。自產業革命開拓機器大生產開始，國際分工經歷了工業製成品與農礦業的傳統產業間分工、工業內部各產業各產品部門的產業內分工，發展到同一產品不同價值鏈增值環節的產品內分工。20 世紀 90 年代以後，由於產品模塊化程度的提升和生產過程可分性增強，以及信息技術、交通技術等「空間壓縮」技術帶來的交易效率提高和交易成本的下降，基於價值鏈不同工序、環節的產品內分工獲得極大的發展，製造業全球價值鏈分工成為一種主導的國際分工形式。而且，隨着技術革命的加速拓展、業態不斷創新和產業日趨融合，尤其是新興工業化國家不斷努力突破在全球價值鏈中的「低端鎖定」，全球價值鏈逐步呈現出多極化發展的新態勢。因此，一個國家的產業發展，必須對外開放，融入這個全球價值鏈中。改革開放 40 年的經驗表明，中國經濟所取得的發展奇蹟，十分得益於中國製造業的對外開放。到 2017 年，在製造業 31 個大類、179 個中類和 609 個小類中，完全對外資開放的已有 22 個大類、167 個中類和 585 個小類，分別佔 71%、93.3% 和 96.1%。中國在對外開放過程中，加速了自身的市場化進程，培育了自身的全面發展動力，同時順應製造業全球價值鏈的分工合作共贏趨勢，為世界製造業發展和全球經濟增長做出了巨大貢獻。

　　六是正確處理城市化與工業化的關係，促進產業和人口集聚效率提升與社會民生協調發展。一個國家的經濟現代化過程是工業化與城市化互動發展的過程。工業為城市化提供了經濟基礎，而城市化為工業化提供了優質要素和廣闊的需求市場。從工業化與城市化歷史演進互動關係看，在工業化初期，主要是工業化進程推動了城市化的進程，而到了工業化中後期，城市化進程的加快又牽引了工業化進程的推進。中國的工業化進程總體上符合上述工業化和城市化的演進規律，長期以來中國成功地推進了快速的工業化進程，但總體上城市化進程落後於工業化進程。在進入 21 世紀後，隨着中國進入工業化中後期，城市化進程也不斷加快，對工業化進程牽引需求作用明顯。在處理工業化與城市化關係過程中，尤其是要注意兩個方面的問題。其一是提高城市化質量，避免城市化與實體經濟脫節，不能讓房地產僅成為炒作對象，要讓城市化進程真正發揮對實體經濟轉型升級的需求引導作用。其二是要不斷提高服務業效率，促進服務業結構升級。城市化是服務業成長為經濟運行中主導部門的必要條件，城市化人口集聚效應形成的需求密度經濟，可以不依靠勞動生產率的提高而促進經濟增長，但是，城市化並不必然促進服務業效率提升和結構升級，科學的城市化戰略和高水平的城市管理對於促進服務業效率提升至關重要。當前中國醫療、教育、養老等事關社會民生的服務業質量和效率還都有待提升，在一定程度上反映了中國城市化質量水平還不夠高。而且，由於工業化後期產業結構升級和工業化進程深化需要高質量的生產性服務業發展支持，提高城市化質量、促進服務業效率提高和服務業結構升級還是深化工業化進程的必然要求。

第 三 章

中國製造的發展狀況

雖然改革開放 40 年在歷史長河中並不是很長的時間，但中國製造業卻經歷了「滄海桑田」般的巨變。這不僅體現在成長為世界第一製造大國的總量的變化，還體現為結構的快速演變。從產業結構看，中國製造業經歷了從勞動密集型向資金密集型進而向技術密集型轉型升級的產業演進；從區域結構看，中國製造業改變了計劃經濟時期「三線建設」主導的格局，總體呈現東中西梯度佈局特徵；從所有制結構看，中國製造業從國有經濟「一統天下」發展為國有、民營、外資「三分天下」；從產業組織形態看，中國製造業企業從總體規模偏小、數量偏少的欠發展狀態轉變為大型企業規模巨大、中小企業數量眾多的蓬勃發展狀態。

一、總體狀況

按照國家統計局口徑，到 2017 年中國工業增加值 279997 億元，按可比價計算，比 1978 年增長 53 倍，年均增長 10.8%。2017 年工業企業資產總計達到 112 萬億元，較 1978 年增長 247 倍；實現利潤總額 7.5 萬億元，較 1978 年增長 125 倍。伴隨着工業的快速發展，工業中的製造業在世界中的份額持續擴大。1990 年中國製造業佔全球的比重為 2.7%，居世界第九位；2000 年上升到 6.0%，位居世界第四；2007 年達到 13.2%，居世界第二；2010 年佔比進一步提高到 19.8%，躍居世界第一，自此連續多年穩居世界第一。中國製造業出口佔全球製造業出

口的比重，從 1978 年的 3.28%，快速增長至 2017 年的 17.20%。[1]基於世界銀行數據庫，1978 年中國製造業增加值為 599.69 億美元（現價美元），隨後以 11.06% 的年均增速，持續增長至 2017 年的 35909.78 億美元（現價美元），是 1978 年製造業規模的 59.88 倍。[2]

　　作為世界第一製造業大國，中國製造的產品產量巨大，表 3-1 所示為 2017 年中國製造業主要產品的產量及其增長速度（比上年增長），表中所列多數產品，諸如汽車、煤炭、粗鋼、水泥等主要產品的產量已經是世界第一。

表 3-1　2017 年中國製造業主要產品的產量及其增長速度

產品名稱	單位	產量	比上年增長（%）
紗	萬噸	4050.0	8.5
布	億米	868.1	−4.3
化學纖維	萬噸	4919.6	0.7
成品糖	萬噸	1470.6	1.9
捲煙	億支	23448.3	−1.6
彩色電視機	萬台	15932.6	1.0
其中：液晶電視機	萬台	15755.9	0.3
家用電冰箱	萬台	8548.4	0.8
房間空氣調節器	萬台	17861.5	24.5
一次能源生產總量	億噸標準煤	35.9	3.6
原煤	億噸	35.2	3.3
原油	萬噸	19150.6	−4.1

1　《改革開放鑄就工業輝煌　創新轉型做強製造大國——改革開放 40 年經濟社會發展成就系列報告之六》，2018 年 9 月 4 日，國家統計局網站（http://www.stats.gov.cn/ztjc/ztfx/ggkf40n/201809/t20180904_1620676.html）。

2　轉引自中國社會科學院工業經濟研究所《中國工業發展報告（2018）》，經濟管理出版社 2018 年版，第 21 頁。

續表

產品名稱	單位	產量	比上年增長（%）
天然氣	億立方米	1480.3	8.2
發電量	億千瓦小時	64951.4	5.9
其中：火電	億千瓦小時	46627.4	5.1
水電	億千瓦小時	11898.4	0.5
核電	億千瓦小時	2480.7	16.3
粗鋼	萬噸	83172.8	3.0
鋼材	萬噸	104958.8	0.1
十種有色金屬	萬噸	5501.0	2.9
其中：精煉銅（電解銅）	萬噸	897.0	6.3
原鋁（電解鋁）	萬噸	3329.0	2.0
水泥	億噸	23.4	−3.1
硫酸（折 100%）	萬噸	9212.9	0.9
燒鹼（折 100%）	萬噸	3365.2	5.1
乙烯	萬噸	1821.8	2.3
化肥（折 100%）	萬噸	6184.3	−6.7
發電機組（發電設備）	萬千瓦	11830.4	−9.8
汽車	萬輛	2901.8	3.2
其中：基本型乘用車（轎車）	萬輛	1194.5	−1.4
運動型多用途乘用車（SUV）	萬輛	1004.7	9.9
大中型拖拉機	萬台	41.8	−32.4
集成電路	億塊	1564.6	18.7
程控交換機	萬線	1240.8	−14.9
移動通信手持機	萬台	188982.4	2.2
微型計算機設備	萬台	30678.4	5.8

資料來源：《中華人民共和國 2017 年國民經濟和社會發展統計公報》，2018 年 2 月 28 日，國家統計局網站（http://www.stats.gov.cn/tjsj/zxfb/201802/t20180228_1585631.html）。

中國製造業的發展不僅體現在總量的變化上，勞動生產率也在不斷提升，1978 年中國製造業勞動生產率僅為 2972.21 美元／人（現價美元），到 2017 年達到 24711.56 美元／人（現價美元），年均增速為5.58%。從製造業創新看，改革開放以來，中國在高溫超導、納米材料、超級雜交水稻、高性能計算機等一些關鍵領域取得重要突破。近年來，又在載人航天、探月工程、量子科學、深海探測、超級計算、衛星導航等戰略高技術領域取得重大原創性成果，C919 大型客機飛上藍天，首艘國產航母下水，高鐵、核電、特高壓輸變電等高端裝備大步走向世界。2017 年中國發明專利申請量 138.2 萬件，連續 7 年居世界首位；科技進步貢獻率提高到 57.5%。[1]1978 年中國單位製造業增加值的全球發明專利授權量為 0.58 項／億美元（現價美元），到 2017 年高速增長至6.67 項／億美元（現價美元），提升了 11.5 倍。[2]

中國製造業的整體發展狀況，無論是從總量和種類指標上，還是從效益和質量指標上，與改革開放初期相比都有了天翻地覆的改變，但是，中國製造業的發展質量與世界製造強國相比，還是有較大差距，表3-2 充分體現了這一點。總體而言，中國製造業發展狀況「大而不強」的特徵十分突出。

1　《波瀾壯闊四十載　民族復興展新篇——改革開放 40 年經濟社會發展成就系列報告之一》，2018 年 8 月 27 日，國家統計局網站（http://www.stats.gov.cn/ztjc/ztfx/ggkf40n/201808/t20180827_1619235.html）。

2　中國社會科學院工業經濟研究所：《中國工業發展報告（2018）》，經濟管理出版社2018 年版，第 22 頁。

表 3-2　2017 年中國與美國、日本、德國和韓國的製造業發展主要指標比較

製造業發展主要指標	中國	美國	日本	德國	韓國
製造業勞動生產率（美元／人，現價美元）	24711.56	141676.53	78895.00	90796.81	83847.76
高技術產品貿易競爭優勢指數	0.07	0.67	0.82	0.88	0.59
單位製造業增加值的全球發明專利授權量（項／億美元，現價美元）	6.67	15.08	12.96	6.02	5.99
製造業研發投入強度	1.98	2.58	3.36	3.05	3.67
製造業單位能源利用效率（美元／千克石油當量，現價美元）	5.99	8.83	11.97	12.56	7.89

資料來源：中國社會科學院工業經濟研究所：《中國工業發展報告（2018）》，經濟管理出版社 2018 年版，第 24 頁。

二、產業結構

中國製造業的產業結構演進總體符合產業高級化趨勢，改革開放以後逐步經歷勞動密集型主導向資金密集型主導、資金密集型主導向技術密集型主導的轉變過程。表 3-3 所示為製造業主要行業的資產分佈，從表中可以看出，在 1993 年，中國紡織業資產佔比較大，能夠佔到這些主要製造業行業資產的 11%。但是到了 2017 年，紡織業資產佔比已經下降到 3.26%，即使考慮到行業劃分問題把紡織服裝製造業放進去，也下降了 6 個百分點左右。另外，諸如黑色金屬冶煉及壓延加工業，皮革、毛皮、羽毛（絨）及其製品業，造紙及紙製品業，化學纖維製造業等產業有明顯的下降。而通信設備、計算機及其他電子設備製造業的佔比則有巨大的提升，從 1993 年的 5% 提高到 2017 年的 12.62%，佔比提高了 7.62 個百分點，突出反映了中國製造業產業結構中高技術密集型製造業快速上升的趨勢。

表 3-3　中國製造業主要行業資產分佈（1993 年和 2017 年比較）

行業	2017 年		1993 年	
	資產（億元）	佔比（%）	資產（億元）	佔比（%）
食品製造業	15510.33	2.20	686.79	2
飲料製造業	17053.27	2.42	1053.17	3
煙草製品業	10520.73	1.49	757.12	2
紡織業	22912.49	3.26	3524.51	11
紡織服裝、鞋、帽製造業	12823.52	1.82		
皮革、毛皮、羽毛（絨）及其製品業	6978.99	0.99	493.71	2
木材加工及木、竹、藤、棕、草製品業	6059.18	0.86	283.65	1
傢具製造業	5737.45	0.82	148.80	0
造紙及紙製品業	14636.83	2.08	811.10	3
印刷業和記錄媒介的複製	5890.54	0.84	368.78	1
文教體育用品製造業	8826.02	1.25	196.32	1
石油加工、煉焦及核燃料加工業	28254.80	4.01	1006.12	3
化學原料及化學製品製造業	76461.87	10.86	3020.90	10
醫藥製造業	30779.92	4.37	843.97	3
化學纖維製造業	7473.53	1.06	736.89	2
非金屬礦物製品業	51694.49	7.35	2541.13	8
黑色金屬冶煉及壓延加工業	64252.12	9.13	4209.98	14
有色金屬冶煉及壓延加工業	40798.54	5.80	1015.29	3
金屬製品業	26898.52	3.82	1140.54	4
通用設備製造業	42431.84	6.03	2335.74	8
專用設備製造業	39826.82	5.66	1742.93	6
電氣機械及器材製造業	66878.24	9.50	1867.57	6
通信設備、計算機及其他電子設備製造業	88837.09	12.62	1550.60	5
儀器儀錶及文化、辦公用機械製造業	9846.22	1.40	487.89	2
廢棄資源和廢舊材料回收加工業	2382.06	0.34		
資產合計	703765.41	100.00	30823.50	100

資料來源：根據國家統計局數據庫計算。

　　表 3-3 也反映了中國製造業資產的主要產業分佈，製造業資產主要
分佈在通信設備、計算機及其他電子設備製造業，化學原料及化學製品
製造業，電氣機械及器材製造業，黑色金屬冶煉及壓延加工業，非金屬
礦物製品業，通用設備製造業等，這些行業佔據了製造業主要行業資產
的一半以上。這種分佈在一定程度上反映了中國的製造業還正處於從資
金密集型產業向技術密集型產業轉型的階段。近些年來，中國積極推進
製造業的供給側結構性改革，一方面大力破除無效供給，通過應用新技
術、新工藝、新設備、新材料，大力提升傳統動能。2016 年、2017 年
兩年化解鋼鐵產能 1.2 億噸、煤炭產能 5 億噸，全面取締 1.4 億噸「地
條鋼」，淘汰停建緩建煤電產能 6500 萬千瓦以上。2013—2016 年，製
造業技術改造投資年均增長 14.3%。2017 年技改投資增長 16.3%，增
速比製造業投資高 11.2 個百分點，佔全部製造業投資比重達 48.5%，
比上年提高 4.6 個百分點。另一方面，大力發展戰略性新興產業，中
國戰略性新興產業增速一直較高，2015—2017 年工業戰略性新興產業
增加值較上年分別增長 10.0%、10.5% 和 11.0%，增速分別高於規模
以上工業 3.9 個、4.5 個和 4.4 個百分點。2017 年，高技術製造業、
裝備製造業增加值分別比上年增長 13.4%、11.3%，增速快於規模以
上工業 6.8 個和 4.7 個百分點，佔規模以上工業增加值比重分別為
12.7% 和 32.7%；與 2012 年相比，高技術製造業、裝備製造業比重
分別上升了 3.3 個和 4.5 個百分點。高技術製造業的主要代表性產品
增勢強勁，2017 年光電子器件產量 11771 億隻，比上年增長 16.9%；
2017 年新能源汽車產量達到 69 萬輛，連續三年位居世界第一；2017 年
民用無人機、工業機器人產量分別達到 290 萬架和 13 萬台（套），光伏
產業鏈各環節生產規模全球佔比均超過 50%。[1] 雖然通過供給側結構性改

1　《改革開放鑄就工業輝煌　創新轉型做強製造大國——改革開放 40 年經濟社會發展成就
　　系列報告之六》，2018 年 9 月 4 日，國家統計局網站（http://www.stats.gov.cn/ztjc/ztfx/
　　ggkf40n/201809/t20180904_1620676.html）。

革，製造業的結構正在逐步高端化，但重化工佔比還是相對較高，尤其是到 2017 年，六大高耗能行業——化學原料及化學製品製造業、非金屬礦物製品業、黑色金屬冶煉及壓延加工業、有色金屬冶煉及壓延加工業、石油加工煉焦及核燃料加工業、電力熱力的生產和供應業，其增加值佔規模以上工業增加值的比重還高達 29.7%，傳統產業優化升級和產業結構邁向中高端仍任重而道遠。

三、區域佈局

　　中國製造業的區域佈局經歷了一個複雜的發展過程。應該說中國製造業的區域格局基礎來自「一五」的 156 項重點工程建設，當時基於接近資源產地、改變以前中國集中沿海城市畸形佈局、國家安全與經濟安全需要等基本原則，實際施工的 150 項重點工程中 44 個國防工業項目安排在中西部地區的有 35 個（21 個在四川、陝西兩省），106 個民用項目東北地區安排了 50 個、中部地區 32 個，總體上東北和中西部地區安排的項目佔據了 84%。[1] 改革開放以後，中國推進了以東部率先發展、以整體經濟增長極為主要內容的區域經濟非均衡發展，產業發展的重心逐步向東部傾斜。1980 年 8 月 26 日批准在廣東省深圳、珠海、汕頭和福建省廈門設置經濟特區，在「七五」計劃（1986—1990 年）中明確提出按照東部、中部和西部三大經濟帶序列推進區域經濟發展的戰略思路。1995 年 9 月中共中央提出要把「堅持區域經濟協調發展、逐步縮小地區差距」作為今後 15 年必須貫徹的重要方針，西部大開發、中部崛起和東北老工業基地振興等重大戰略舉措開始實施和持續推進。黨的十八大和黨的十九大進一步推進區域協調發展，京津冀協同發展、

1　馬泉山：《中國工業化的初戰——新中國工業化回望錄（1949—1957）》，中國社會科學出版社 2015 年版，第 286—287 頁。

長江中游城市群、新一輪東北振興、長三角一體化、粵港澳大灣區等區域協調發展戰略開始實施。隨着區域戰略的不斷深化，中國製造業格局也在變化之中。

　　雖然近些年來一直通過西部大開發、東北老工業基地振興以及中部崛起戰略促進區域協調發展，但是，到「十二五」結束，東部地區製造業仍基本佔有全國「半壁江山」。圖 3-1 為「十二五」時期中國東部、西部、中部和東北地區工業增加值佔全國工業增加值的比例情況，可以看出，東部地區工業增加值佔比從 2012 年的 50.4% 上升到 2016 年的 52.6%[1]，而東北地區佔比則相應從 9.0% 下降到 6.8%，中部地區佔比略有上升，西部地區則略有下降。這表明東部與中西部的差距繼續擴大，尤其是東北地區工業比重進一步下滑。實際上，投資情況也反映了這個趨勢。「十二五」時期，也就是進入工業化後期，東部和中部地區工業投資佔比持續走高，西部地區工業投資佔比輕微降低，東北地區工業投資佔比大幅降低。以第二產業固定資產投資佔全國第二產業固定資產投資的份額來看，2012 年東部地區最高，為 39.1%，其次是中部地區，再次是西部地區，東北地區最低，東部比中部、西部和東北地區分別高出 12.9 個、16.5 個和 27.1 個百分點（見圖 3-2）。「十二五」期間，東部和中部地區的份額都持續提高，分別提高了 4.8 個和 3.2 個百分點；西部地區佔比先升後降，最終下降了 1.6 個百分點；東北地區佔比不斷降低，最終下降了 6.3 個百分點。

　　如果從省級區域看，處於製造業大省第一方陣的省份主要有江蘇、山東和廣東，從工業資產看，這三省 2016 年的工業資產分別為 114536.32 億元、105046.32 億元、105604.17 億元，在全國佔比都超過了 10%（見圖 3-3），合計超過 30%，這些省份都屬於東部地區。處

1　當製造業數據難以獲得時，本書用工業數據近似代替說明製造業的數據，這部分區域分佈用工業數據替代。

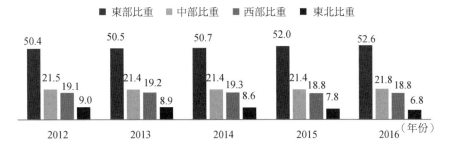

圖 3-1　2012—2016 年中國四大區域工業增加值比重（％）

資料來源：中國社會科學院工業經濟研究所：《中國工業發展報告（2017）》，經濟管理出版社 2017 年版，第 471 頁。

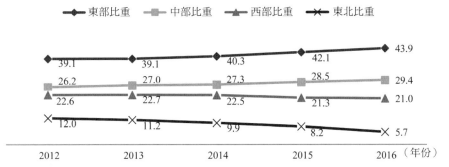

圖 3-2　2012—2016 年中國四大區域第二產業固定資產投資佔全國的比重（％）

資料來源：中國社會科學院工業經濟研究所：《中國工業發展報告（2017）》，經濟管理出版社 2017 年版，第 473 頁。

於第二方陣的省份包括浙江、河南、上海、北京、河北、四川 6 個省級區域，在全國佔比都在 5% 左右，這 6 個區域佔比整體為 30% 左右，第一和第二方陣 9 個省級區域工業整體佔比超過了全國的 60%。從省級區域也可以看出，東部地區的優勢十分明顯，不僅如此，從圖 3-2 的投資趨勢看，東部地區的顯著優勢還會持續下去。雖然總體上看中部地區逐步在崛起，但是與東部差距還較大。從區域協調發展角度看，最值得擔憂的是東北地區製造業的迅速下滑。雖然經過三輪東北老工業基地的振興，這個中華人民共和國成立之初 156 項工業項目建設佈局最多的區

域，近些年仍日趨衰退。總體而言，東北老工業基地的問題可以認為是產業結構、體制機制、要素供給等方面問題的綜合，從產業結構看，存在重化工業比重大、過度依靠投資拉動、產業集中度低、「聚而不集」的問題；體制機制方面，民營經濟比重過低，國有企業體制機制改革有待深化，創新能力不足；從要素供給方面看，人口數量下降，人口老齡化趨勢明顯，企業管理人才供給不足。[1] 綜合原因必須綜合施策，未來東北地區製造業的振興需要系列措施協同推進。另外，對於西部地區而言，承接東部地區的產業轉移無疑是一項重要的發展途徑，這正是一個國內版的「雁陣理論」所揭示的趨勢。但是隨着東南亞地區的國家經濟逐步起飛，中國東部地區一些製造業開始出現向東南亞轉移的趨勢，呈現出國際版「雁陣理論」所揭示的趨勢，從而出現對國內版「雁陣理論」的替代，在一定程度上可能會對西部地區發展造成負面影響。

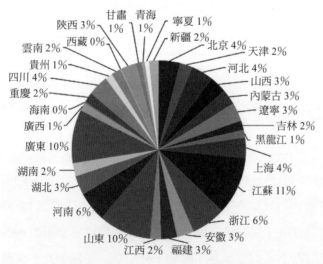

圖 3-3　2016 年中國各省級區域工業資產佔比分佈
資料來源：根據國家統計局數據庫計算，暫無港澳台數據。

1　黃群慧、石穎：《東北地區工業經濟下行的原因分析及對策建議》，《學習與探索》2016 年第 7 期。

四、所有制結構

　　中國製造業的所有制結構隨着改革的深入處於劇烈的變化之中，總體上看從最初的國有企業「一統天下」到國有、民營和外資企業「三分天下」。到 2016 年，工業企業的總資產國有、民營和外資所佔比例分別為 38.78%、34.03%、27.19%，從主營業務收入看，工業企業國有、民營和外資所佔比例分別為 29.41%、45.61%、24.98%，從利潤上看，工業企業國有、民營和外資所佔比例分別為 21.21%、45%、33.79%。[1] 總體上可以看出在總資產上國有工業企業仍是最大佔比，但是主營業務收入和利潤則是民營企業佔比最高，外資企業以佔比約 27% 的資產和佔比約 25% 的收入，得到了佔比高達約 34% 的利潤，總體上呈現出外資和民營企業高於國有企業的特徵。

　　從製造業行業分佈看（見表 3-4），電力工業、機械工業、冶金工業、石油和石化工業則是製造業內部國有資產密集的行業。2016 年，國有資產在這些行業中分別為 10.3 萬億元、5.1 萬億元、4.7 萬億元、4.6 萬億元；國有資產在這些行業中的比重分別為 26.1%、12.9%、11.8%、11.6%，表明國有資產高度集中在重化工領域。這種分佈也是逐步演變而來，國有企業在食品、紡織等勞動密集型行業中佔比分佈從最初的 3.6% 和 5.0% 下降到 0.9% 和 0.3%，呈現出明顯的大幅度下降，而電力、煤炭、石油石化等國有企業佔比得到較大幅度提升，奠定了重化工主導資產的格局。這在很大程度上是國有經濟戰略性調整的一個必然結果，自 1996 年以來的國有企業改革着重從國有經濟戰略性調整和建立現代企業制度兩個重要方向推進，而國有經濟戰略性調整的指導思想是將國有資本集中在重要的戰略性行業。在工業化中期階段，戰略性行業大多是重化工等行業。當然，從未來發展看，要推進重化工領

1　劉江：《中國工業企業的所有制分佈特徵》，《首都經濟貿易大學學報》2018 年第 6 期。

域產能過剩行業的相當部分國有資本退出，轉向高端和新興製造業、公共服務等領域，這是國有企業戰略性重組的重點。另外，還要積極推進自然壟斷性行業的國有企業業務重組，將業務更多地集中在具有自然壟斷性的網絡環節，同時，進行國有企業戰略性重組要注意形成兼有規模經濟和競爭效率的市場結構，不要形成新的壟斷。[1]與國有企業資產分佈在重化工行業不同，民營資本在製造業上的分佈主要是在勞動密集型產業，包括木材加工和木、竹、藤、棕、草製品業，紡織業，傢具製造業，農副產品加工業，廢棄資源綜合利用業，金屬製品業等都屬於佔比大的行業。「十二五」期間，總體上民營企業在製造業的資產不斷增長，其中廢棄資源綜合利用業，專業設備製造業，農副產品加工業，橡膠和塑料製品業，文教、工美、體育和娛樂設備製造業，印刷和記錄媒介複製業等行業民營企業資本增幅更大。外資企業的資產和收入在計算機、通信和其他電子設備製造業分佈是最多的，體現了外資企業在該行業的絕對優勢。[2]

　　從所有制視角可以進一步分析製造業領域的區域分佈。表 3-5 為工業領域國有及國有控股企業地區佔比情況，從中可以看出，從 1998 年到 2016 年，東部地區國企的數量、資產、銷售收入和利潤總額的佔比明顯下降，而中、西部地區卻有上升的趨勢，尤其是西部地區上升幅度相對更大，而東北地區穩中略有下降。對於西部的工業企業而言，其工業企業的數量佔比達到 32.86%，但其銷售收入佔比只有 24.74%，其利潤總額佔比更是只有 20.84%，這在一定程度上意味着西部地區國有工業企業競爭力較差。

1　黃群慧：《「十三五」時期新一輪國有經濟戰略性調整研究》，《北京交通大學學報》（社會科學版）2016 年第 2 期。

2　劉江：《中國工業企業的所有制分佈特徵》，《首都經濟貿易大學學報》2018 年第 6 期。

表 3-4　1997 年以來中國國有企業資產在主要製造業的佔比變化　　　單位：%

年份	石油和石化	冶金	建材	化學	森林	食品	煙草	紡織	醫藥	機械	電子	電力
1997	8.5	13.2	4.1	10.4	0.8	3.6	2.2	5.0	1.8	16.0	3.5	16.1
1998	9.1	12.8	3.9	10.0	0.7	3.2	2.2	4.5	2.0	16.1	3.7	16.5
1999	11.9	12.6	3.6	8.8	0.6	3.0	2.1	3.8	2.0	14.9	3.5	18.2
2000	14.4	11.6	3.0	7.7	0.5	2.4	2.1	3.5	1.7	13.3	3.7	21.6
2001	12.3	11.9	2.9	7.1	0.5	2.0	2.7	3.2	2.0	13.7	4.0	22.4
2003	12.5	11.6	2.9	6.3	0.2	1.6	3.3	2.3	2.0	11.9	4.0	25.6
2004	13.7	12.7	2.5	5.8	0.2	1.3	2.6	1.7	1.7	11.8	3.4	25.8
2005	14.6	12.6	2.0	5.5	0.1	1.2	2.8	1.4	1.3	11.6	3.2	26.4
2006	15.7	13.5	1.8	5.4	0.1	1.0	2.4	1.1	1.1	11.0	2.6	26.8
2007	16.8	14.2	1.8	4.8	0.1	0.8	3.2	0.8	0.9	10.7	2.2	26.1
2008	15.6	14.9	1.9	4.8	0.1	0.8	3.1	0.6	0.9	10.4	2.1	26.7
2009	16.2	15.0	2.0	4.6	0.1	0.8	3.1	0.5	0.9	9.8	2.3	26.5
2010	15.7	14.7	2.1	4.6	0.1	0.9	2.3	0.4	0.8	10.9	2.4	26.4
2011	14.4	14.2	2.2	4.9	0.0	0.9	2.1	0.3	0.8	11.6	2.2	25.6
2012	13.4	14.0	2.6	5.4	0.1	0.9	1.7	0.3	0.9	10.4	2.2	25.7
2013	13.8	13.8	2.8	5.3	0.0	0.9	1.9	0.3	0.9	11.7	2.2	24.4
2014	13.0	13.1	2.6	5.2	0.0	0.9	2.3	0.3	0.9	12.0	2.5	24.9
2015	11.9	12.4	2.6	5.4	0.0	0.9	2.3	0.3	0.9	12.3	2.8	25.5
2016	11.6	11.8	2.7	5.4	0.1	0.9	2.4	0.3	1.0	12.9	2.9	26.1

註：2002 年原始數據缺失。

資料來源：中國社會科學院工業經濟研究所：《中國工業發展報告（2018）》，經濟管理出版社 2019 年版，第 112 頁。

表 3-5　工業領域國有及國有控股企業地區分佈佔比情況　　單位：%

年份 地區	2016				2008				1998			
	東部	中部	西部	東北	東部	中部	西部	東北	東部	中部	西部	東北
企業數量	37.60	22.15	32.86	7.39	42.93	21.44	26.22	9.41	57.18	20.69	14.53	7.61
資產總額	41.03	20.13	29.92	8.92	41.89	21.19	25.34	11.57	50.38	17.96	18.06	13.60
銷售收入	44.20	21.69	24.74	9.37	45.71	20.43	20.55	13.31	63.61	14.85	12.35	9.18
利潤總額	62.39	13.92	20.84	2.84	38.25	16.85	28.01	16.89	85.19	7.82	2.71	4.28

資料來源：根據 1999—2017 年《中國統計年鑒》計算得到。

五、產業組織結構

　　從產業組織視角看，改革開放以來，中國製造業企業的數量和規模總體上都在迅速擴大。如表 3-6 所示，從工業企業看，1998 年中國大型企業 7563 家，中型企業 15850 家，小型企業 141672 家，戶均資產大中小企業分別是 7.86 億元、1.05 億元和 0.23 億元；到 2017 年，大型工業企業 9240 家，中型工業企業 49614 家，而小型工業企業 313875 家，戶均資產分別擴大到 57.83 億元、5.31 億元、1.03 億元。從數量佔比變化看，大型企業數量佔比呈現減少趨勢，而中型企業佔比總體呈現增加趨勢，小型企業佔比大體圍繞 85% 波動。從資產變化看，大型企業戶均資產增速明顯快於中型和小型企業。從產業組織狀態看，改革開放以來中國工業總體上呈現出大型企業規模擴張和中小型企業數量擴張的「雙擴張」增長態勢。

　　從國際比較看，中國大型企業的規模擴張態勢是十分明顯的。根據《財富》「2018 世界 500 強」數據，中國企業上榜數量從上年的 115 家增至 120 家，僅比美國上榜企業數量少 6 家，中國企業數量進一步鞏固了世界第二的地位。中國 120 家上榜企業中，內地企業為 107 家，比上

表 3-6　按企業規模中國工業企業的分佈變化（1998—2017）

年份	大型企業				中型企業				小型企業			
	企業數量（家）	數量佔比（%）	企業資產（億元）	戶均資產（億元/家）	企業數量（家）	數量佔比（%）	企業資產（億元）	戶均資產（億元/家）	企業數量（家）	數量佔比（%）	企業資產（億元）	戶均資產（億元/家）
1998	7563.00	5	59450.19	7.86	15850.00	10	16645.56	1.05	141672.0	86	32726.11	0.23
1999	7864.00	5	65870.39	8.38	14371.00	9	16273.20	1.13	139798.0	86	34825.31	0.25
2000	7984.00	5	71069.97	8.90	13741.00	8	16239.87	1.18	141161.0	87	38901.41	0.28
2001	8591.00	5	79299.76	9.23	14398.00	8	18072.45	1.26	148269.0	87	38030.27	0.26
2002	8752.00	5	84242.11	9.63	14571.00	8	19274.33	1.32	158234.0	87	42701.34	0.27
2003	1984.00	1	66277.25	33.41	21647.00	11	58854.47	2.72	172591.0	88	43675.98	0.25
2004	2135.00	1	78771.10	36.90	25557.00	9	75407.38	2.95	248782.0	90	61179.99	0.25
2005	2503.00	1	95078.32	37.99	27271.00	10	83738.56	3.07	242061.0	89	65967.36	0.27
2006	2685.00	1	113776.66	42.37	30245.00	10	98633.78	3.26	269031.0	89	78804.07	0.29
2007	2910.00	1	138731.00	47.67	33596.00	10	118284.00	3.52	300262.0	89	96022.00	0.32
2008	3188.00	1	164286.13	51.53	37204.00	9	141042.71	3.79	385721.0	91	125976.71	0.33
2009	3254.00	1	193124.01	59.35	38036.00	9	157956.50	4.15	393074.0	90	142612.35	0.36
2010	3742.00	1	236257.00	63.14	42906.00	9	191194.55	4.46	406224.0	90	165430.34	0.41
2011	9111.00	3	342998.91	37.65	52236.00	16	162942.05	3.12	256319.0	81	165789.51	0.65
2012	9448.00	3	379618.39	40.18	53866.00	16	184741.97	3.43	280455.0	82	204060.83	0.73
2013	9411.00	3	407968.32	43.35	53817.00	15	201140.98	3.74	289318.0	82	241516.54	0.83
2014	9893.00	3	450366.93	45.52	55408.00	15	229069.82	4.13	312587.0	83	277340.46	0.89
2015	9633.00	3	476028.20	49.42	54070.00	14	242810.41	4.49	319445.0	83	304559.51	0.95
2016	9631.00	3	508070.40	52.75	52681.00	14	258989.44	4.92	316287.0	84	318806.10	1.01
2017	9240.00	2	534349.33	57.83	49614.00	13	263386.84	5.31	313875.0	84	324173.40	1.03

資料來源：根據 Wind 數據庫計算。

年增加 2 家；中國香港 4 家；中國台灣 9 家。「2018 世界 500 強」中，中美兩國企業營業收入分別佔全部企業的 22.07%、29.61%，與上年相比，中國企業的營業收入佔比提高了 0.8 個百分點，而美國企業則下降了 0.98 個百分點。如果僅按照中國內地企業計算，1999 年中國內地企業進入 500 強的數量是 5 家，2009 年增加到 34 家，到 2016 年達到 98 家，2017 年達到 105 家，在不到 20 年的時間內有 100 家擠進了世界 500 強，新增企業數佔到了世界 500 強的 20%。

具體到製造業，2018 年中國製造業企業 500 強營業收入總額突破 30 萬億元，達到 31.84 萬億元，營業收入入圍門檻為 86.37 億元，人均營業收入為 255.68 萬元。2018 年中國製造業企業 500 強資產總額為 34.12 萬億元，增長 8.91%。2018 年中國製造業企業 500 強實現淨利潤 8176.93 億元，大幅增長 19.18%，繼續保持快速增長態勢。2018 年中國製造業企業 500 強中提供了完整研發投入數據的 484 家企業共實現研發投入 6545.91 億元，較上年取得了 19.30% 的較大漲幅；共擁有專利 777072 件，發明專利 302992 件，較上年分別增長了 35.52% 和 68.47%。從 2018 年中國製造業企業 500 強榜單情況看，重化工行業依然扮演了重要角色，如表 3-7 所示，榜單前 10 位企業除華為投資控股有限公司之外，其餘均為重化工企業；製造業 500 強榜單中黑色冶金企業佔據了 76 席。對營業收入貢獻最大的前兩個行業分別是黑色冶金和汽車及零配件製造，分別貢獻了製造業 500 強整體 14.42% 和 13.56% 的營業收入；而對利潤貢獻最大的依然是這兩個行業，只是二者位置互換，31 家汽車及零配件製造企業創造了榜單企業 14.70% 的總利潤，而 76 家黑色冶金企業創造了榜單企業 14.14% 的總利潤。[1]

1　中國企業聯合會、中國企業家協會課題組：《2018 年中國大企業發展的趨勢、問題與建議》，2018 年中國企業家高峰論壇資料，2018 年 10 月。

表 3-7 2018 年中國製造業 500 強前 10 名

名次	企業名稱	營業收入（萬元）
1	中國石油化工集團公司	220974455
2	上海汽車集團股份有限公司	87063943
3	東風汽車集團有限公司	63053613
4	華為投資控股有限公司	60362100
5	中國五礦集團有限公司	49336087
6	正威國際集團有限公司	49179850
7	北京汽車集團有限公司	47034067
8	中國第一汽車集團有限公司	46988810
9	中國兵器工業集團有限公司	43691880
10	中國航空工業集團有限公司	40481588

資料來源：《2018 年中國製造業企業 500 強出爐》，2018 年 9 月 27 日，搜狐網（https://www.sohu.com/a/256511224_100017467）。

雖然中國製造業企業規模不斷擴張，但從世界範圍的產業組織結構看，總體上主要製造行業長期鎖定在全球價值鏈分工的中低端，附加值較低。例如，近 10 年來，中國機電產品的平均出口單價只有 19.75 美元／公斤，遠低於日本的 39.74 美元／公斤。另外，一項實證研究表明，中國 22 個製造業行業中，處於全球價值鏈低端鎖定狀態的行業達到 12 個，而在全球價值鏈中居高端的行業只有 3 個。[1]

1　張慧明、蔡銀寅：《中國製造業如何走出「低端鎖定」——基於面板數據的實證分析》，《國際經貿探索》2015 年第 1 期。

第四章

中國製造的機遇與挑戰

隨着中國步入工業化後期，中國經濟步入增速趨緩、結構趨優和新舊動能轉換的經濟新常態。與這個階段轉換相疊加，世界也面臨着新一輪科技革命和產業變革，新工業革命方興未艾。在這種大的經濟發展和產業革命的背景下，中國製造業在國民經濟中的核心作用、製造業結構優化的內涵、製造業的產業組織結構和研發組織形態等一系列結構性特徵也都正在發生根本性的轉變，中國製造業進一步的發展面臨着新的機遇與挑戰。

一、工業化後期與經濟新常態

進入工業化後期，中國工業化進程的特徵發生改變，正在從高速轉向中高速，同時工業結構不斷優化升級，新舊動能持續轉換，也就是走向經濟新常態。2014 年中央給出了關於中國經濟階段步入經濟新常態的判斷。而經濟新常態的主要特徵就是經濟增速趨緩、結構趨優、動力轉換，這個特徵也正是工業化後期的經濟運行特徵。

首先，從工業增速上看，中國工業也步入了增速趨緩的經濟新常態。圖 4-1 為改革開放以來中國工業經濟增長速度情況。總體上可以劃分為 1978—1985 年、1986—1992 年、1993—2010 年以及 2011 年至今的四個波動周期。在最近這個周期中，工業增速逐年下降，2010—2017 年的工業增速分別為 12.6%、10.9%、8.1%、7.7%、7.0%、6%、6%、6.4%。中國工業增速在保持了 20 年左右的兩位數增長後，在 2012

圖 4-1　全部工業增加值規模和增長速度（1978—2017 年）
資料來源：國家統計局。

年下降到 8.1%，接下來的 5 年一直處於 6%—8%，2012 年以後的工業
幾何平均增速為 6.03%，波動也較小，這意味着中國工業增速已經從高
速增長轉向了中高速增長。

　　經濟增速放緩之所以成為一個趨勢性的變化，而不是一個周期性的
短期下降、將來會「V」形反彈，理論界給出的基本判斷是中國的潛在
經濟增長率下降了，中國步入了一個新的發展階段。潛在經濟增長率下
降的原因，其中比較有代表性的是人口紅利視角的解釋。[1]基於人口紅利
理論，中國經濟之所以能夠高速增長多年，主要來自於勞動年齡人口增
長、人口撫養比下降相關的人口紅利，由於在 2004 年出現了以民工荒和
工資上漲為標誌的「劉易斯轉折點」，在 2010 年勞動人口達到峰值出現
負增長，人口紅利消失了，中國潛在經濟增長率下降將是必然的，經濟
發展階段將發生根本性的變化。另外還有解釋認為，中國經濟進入了結
構性減速階段，正處於投資驅動工業化高增長向效率驅動城市化穩速增
長過渡。[2]有的學者則直接稱中國進入增長平台轉換期，現在經濟增速下

1　蔡昉：《認識中國經濟的短期和長期視角》，《經濟學動態》2013 年第 5 期。
2　中國經濟增長前沿課題組：《中國經濟轉型的結構性特徵、風險與效率提升路徑》，《經
　濟研究》2013 年第 10 期。

降不是同一平台的短期波動，而是不同增長平台的轉換。[1]

　　實際上，上述增速的大的階段性變化，與中國整體經濟步入工業化後期是直接相關的。[2] 根據我們在第二章的研究結果，中國也是在 2011 年進入工業化後期的。歷史經驗表明，在工業化中期階段，一般國家的增速都會保持較高，大約都會達到兩位數的增長，甚至保持 20—30 年的時間，但是到工業化後期，增速都會降下來。產業結構大致可以說明這個規律的原因。在工業化中期階段，重化工是主導產業。重化工是典型的大投入大產出的資金密集型產業，這類產業的大發展自然會支撐經濟的高速增長。但到工業化後期，技術密集型產業演變為主導產業，重化工產業的產能趨於過剩，經濟增長需要從投資驅動轉變為創新驅動，經濟增速也就逐漸下降。我們測評的中國工業化階段和經濟運行所呈現出的特徵是完全吻合的。這意味着，無論是從工業化階段看工業化後期，還是從經濟增速由高速轉向中高速的經濟新常態，這些不同視角對中國經濟階段性變化的描述都是一致的。

　　其次，從產業結構看，工業的行業結構正在不斷優化、工業經濟增長動能正在持續轉換。從製造業行業結構看（見圖 4-2），近年來，工業戰略性新興產業、高技術製造業和裝備製造業等技術密集型行業增速明顯高於規模以上工業增速，相應佔比不斷上升。戰略性新興產業成為支撐工業增長的新動能，其中 2017 年高技術製造業和裝備製造業合計佔比已達 45.4%。工業戰略性新興產業包括節能環保產業、新一代信息技術產業、生物產業、高端裝備製造產業、新能源產業、新材料產業，新能源汽車產業等七大產業中的工業相關行業。高技術製造業包括醫藥製造業，航空、航天器及設備製造業，電子及通信設備製造業，計算機及辦公設備製造業，醫療儀器設備及儀器儀錶製造業，信息化學品製造

1　劉世錦：《尋求中國經濟增長新的動力和平衡》，《中國發展觀察》2013 年第 6 期。
2　黃群慧：《經濟新常態、工業化後期與工業增長新動力》，《中國工業經濟》2014 年第 10 期。

業。裝備製造業包括金屬製品業，通用設備製造業，專用設備製造業，汽車製造業，鐵路、船舶、航空航天和其他運輸設備製造業，電氣機械和器材製造業，計算機、通信和其他電子設備製造業，儀器儀錶製造業。2017 年，規模以上工業戰略性新興產業增加值比上年增長 11.0%。其中，高技術製造業增加值增長 13.4%，比全部規模以上工業增加值高 6.9 個百分點，是自 2010 年以來連續 8 年高於全部規模以上工業增加值增速；裝備製造業增加值增長 11.3%，比全部規模以上工業增加值高 4.8 個百分點，也保持快於規模以上工業增加值的速度增長。截至 2017 年年底，高技術製造業增加值和裝備製造業增加值佔規模以上工業增加值的比重已經分別為 12.7%、32.7%。2018 年上半年，工業戰略性新興產業、高技術製造業、裝備製造業增加值同比增長 8.7%、11.6%、9.2%，增速分別高於規模以上工業 2.0 個百分點、4.9 個百分點和 2.5 個百分點，佔規模以上工業增加值的比重已經分別達到 18.3%、13.0% 和 32.5%，佔比分別比第一季度提高 0.6 個百分點、0.3 個百分點和 0.3 個百分點。

圖 4-2　戰略性新興產業、高技術產業、裝備製造業工業增加值增長率（2003—2017 年）

資料來源：國家統計局。

從製造業產品結構看，高複雜性、高附加值、智能化、綠色化以及符合高端消費趨勢的產品保持了高速增長。2018 年上半年，新能源汽車、智能電視機、工業機器人、鋰離子電池、集成電路、金屬集裝箱、金屬軋製設備、電子元件等產品產量分別同比增長 88.1%、16.9%、23.9%、10.7%、15.0%、32.5%、27.5%、21.5%，都實現了兩位數的增長。

從工業投資結構看，技術改造投資增速和高技術製造業投資增速持續加快，工業增長的技術創新驅動力不斷增強。2018 年上半年，製造業投資同比增長 6.8%，製造業技術改造投資增長 15.3%，增速比製造業投資高 8.5 個百分點。高技術製造業投資增長 13.1%，比全部製造業投資高 6.3 個百分點。近年來，高技術製造業佔製造業投資的比重逐年提高，2014—2017 年高技術製造業佔製造業投資的比重分別為 10.6%、11.1%、12.1% 和 13.5%，2018 年上半年進一步提高至 17%。另外，2018 年上半年，有關綠色發展方面的投資也大幅增加，生態保護和環境治理業投資同比增長 35.4%，環境監測專用儀器儀錶製造業投資增長高達 68.7%。

二、中國製造的機遇

伴隨着經濟步入新常態，製造業對經濟發展的貢獻已經從直接支持經濟增長、解決就業為主轉向創新驅動、提高經濟效率為主。雖然從統計佔比看，製造業對經濟增長的貢獻有所下降，但並不意味着製造業在國民經濟中戰略地位的下降。錢納里等人在 1986 年曾給出了很好的總結和概括，他們認為工業是經濟增長的引擎，工業的作用可以概括為將技術進步用於生產、促進技術創新、傳播技術創新、創新理念、引導制度發展、產生有益外部效應、促進現代服務業發展、創造動態比較優勢、促進經濟國際化、促進企業現代化十大方面，他們進一步指出：「長期以

來，工業就是技術進步、相關技能和企業理念的主要來源者、使用者和傳播者。其他生產活動無法與之相比。……當今世界，製造業不僅是發展的組成部分——而且是其中重要的組成部分。」[1]這對中國的啟示意義在於，雖然 2013 年中國服務業產值比例超越了工業，而且可以預期這種態勢還會持續，但是必須認識到，這種變化只是統計意義上的變化，工業對於中國經濟發展的重要地位沒有變化，中國經濟要實現長期穩定發展，製造業發展才是關鍵，中國要成為創新型國家，就必須有發達的工業體系支撐。而且，從國際競爭角度看，對於中國這樣一個社會主義大國而言，製造業的國家戰略意義更是無法替代的。

中國發展正面臨着百年未有之大變局，正處於重要的戰略機遇期，中國製造業的發展也面臨前所未有的機遇。

從國際科技環境看，當前新一輪科技和產業革命正在由導入期轉向拓展期，顛覆性技術不斷湧現，產業化進程加速推進，催發了大量的新技術、新產業、新業態和新模式，經濟增長的新動能正在逐步孕育發展。自 1771 年第一次科技革命以來，人類社會大體經歷了早期機械時代、蒸汽機與鐵路時代、電力和鋼鐵時代、石油和汽車時代、信息與通信時代這五次產業革命。2008 年國際金融危機以後，更為流行的是有關蒸汽時代、電力時代和信息時代的三次產業革命的分類。近幾年，隨着社會對智能化的關注，以德國「工業 4.0」為代表，將信息時代又細分為基於信息技術的自動化階段和基於物理信息系統的智能化階段，於是有所謂的從「工業 1.0」到「工業 4.0」的四次工業革命的分類。無論如何劃分，一般被認可的是，20 世紀下半葉以來，世界一直孕育和發展着以信息化和工業化融合為基本特徵的新一輪產業革命。尤其是國際金融危機後的 10 年中，新一輪產業革命步伐加快，由導入期正在轉入拓

1　聯合國工業發展組織：《工業發展報告 2002/2003：通過創新和學習提高競爭力》，中國財政經濟出版社 2003 年版。

展期。新產業革命的技術基礎是以信息技術突破應用為主導、大量相互作用的技術組成的高新技術簇群。20世紀90年代以來,計算機芯片處理技術、數據存儲技術、網絡通信技術和分析計算技術獲得巨大突破,以計算機、互聯網、移動通信和大數據為主要標誌的信息技術、信息產品和信息獲取與處理方法得到指數級增長,信息技術逐步與製造技術深度融合推動了智能化、數字化、網絡化製造技術創新和擴散,形成了新產業革命複雜的技術系統。從底層的使用技術,如高效能運算、超級寬帶、新材料、移動互聯網等,到3D打印、機器人、柔性生產系統等生產製造設備和系統,再到最頂層的工業物聯網系統,技術範式的革命帶來了經濟範式的革命。

從經濟系統看,一是信息(數據)開始作為獨立投入產出的生產要素,成為社會經濟運行效率和可持續發展的關鍵決定因素,信息(數據)被認為將會成為決定未來現代化水平的最稀缺的要素,而「雲網端」新一代信息基礎設施的重要價值也將更為突顯。二是促進資本、勞動力各生產要素發生了質的變化,引起了生產、流通、分配、消費等各項經濟活動、各個經濟環節的巨大變革,電子商務、智能製造等新的生產消費方式發展迅速。三是智能製造產業作為新產業革命的先導迅速發展,進一步支持和帶動了智慧農業、智慧城市、智能交通、智能電網、智能物流和智能家居等各個領域的智能化發展,滿足生產者和消費者的智能化、個性化需求,逐步形成以智能製造為核心的現代產業體系。四是生產組織和社會分工方式更傾向於社會化、網絡化、平台化、扁平化、小微化,大規模定製生產和個性化定製生產將成為主流製造範式,更加適應以消費者為中心的商業模式,企業組織邊界日益模糊,基於平台的共享經濟和個體創新創業獲得巨大的發展空間。當然由於新產業革命還只是處於從導入到拓展的轉折期,其經濟增長的新動能的充分發揮還有待時日。據有關研究預測,到2035年,人工智能能夠使美國經濟增長提高2個百分點,貢獻8.3萬億美元GDP;德國和日本分別提高1.6個和1.9

個百分點，分別貢獻 1.1 萬億和 2.1 萬億美元的 GDP。因此，新產業革命塑造的世界經濟發展新動能已經初露端倪，未來更是潛力巨大。

面對新一輪科技和產業革命的浪潮，與第一次和第二次工業革命時代不同，中國已經具備抓住這次新工業革命機遇的基礎條件和能力。中國作為發展中大國，新工業革命意味着工業化和信息化的融合，而對於發達國家則是「再工業化」與信息化的融合。中國已經步入工業化後期，正處於經濟結構轉型升級的關鍵時期，而新工業革命催生了大量的新技術、新產業、新業態和新模式，為中國產業從低端走向中高端奠定了技術經濟基礎並指明了發展方向，為中國科學制定產業發展戰略、加快轉型升級、增強發展主動權提供了重要機遇。與以前積貧積弱的國情不同，中國綜合國力已居世界前列，已經形成了完備的產業體系和龐大的製造基礎，成為全球製造業第一大國，具有抓住這次科技和產業革命歷史性機遇的產業基礎條件。同時，中國具有規模超大、需求多樣的國內市場，也為新工業革命提供了廣闊的需求空間。近年來，中國電子商務取得快速發展，增速遠遠超越其他發達國家，就得益於這樣的市場優勢。因此，面對新工業革命，中國可以乘勢而上，搶抓機遇，推進工業化和信息化的深度融合，實現跨越式發展。近些年來，中國製造業創新取得了巨大成就，經濟增長新舊動能正在加速轉換。

一是總體科技創新能力不斷增強，科技創新支撐引領經濟增長作用日益突顯。中國創新環境繼續優化，創新投入力度加大，創新產出能力穩步提升，創新成效進一步顯現，載人航天、探月工程、大飛機等一批標誌性重大科研成果產生。從國家統計局社科文司「中國創新指數研究」課題組提出的能夠綜合反映創新環境、投入、產出和成效狀況的創新指數看，2016 年中國創新指數為 181.2，比 2012 年提升了 33 個點。從世界知識產權組織、美國康奈爾大學和歐洲工商管理學院聯合發佈的全球創新指數排名看，中國科技創新能力也顯著增強，從 2012 年的第 34 位躍升至 2018 年的第 17 位。科技創新成果廣泛應用於農業、製造業、服

務業等領域，取得了顯著的經濟效益和社會效益。從經濟增長的科技進步貢獻率看，2012 年為 52.2%，2016 年達到 56.2%，比 2012 年提高 4 個百分點；2017 年科技進步貢獻率達到了 57.5%，比 2016 年又提高了 1.3 個百分點。

二是產業創新能力不斷增強，產業升級對經濟增長貢獻度日益提升。基於移動互聯、物聯網、雲計算的數字經濟新業態、新模式蓬勃發展，極大地提升了傳統產業、促進了經濟發展新舊動能轉換。2017 年由新技術、新產業、新模式、新業態等構成的經濟新動能對經濟增長的貢獻度超過 1/3，對新增就業的貢獻度超過 2/3。網上零售額年均增長 30% 以上，信息消費、綠色消費等新興消費快速增長。

三是企業創新能力不斷增強，新企業和企業創新活動為經濟增長提供了有力支撐。隨着大眾創業萬眾創新廣泛開展，中國日均新註冊企業數量不斷增長，2016 年日均新增 1.5 萬戶，加上個體工商戶等各類市場主體日均新增 4.5 萬戶。2017 年全年全國新登記企業 607.4 萬戶，比上年增長 9.9%，日均新登記企業 1.66 萬戶；企業創新主體地位不斷強化，2016 年中國研發經費中企業資金為 1.19 萬億元，比 2012 年增長 56.4%，年均增長 11.8%。企業研發經費支出佔全社會研發經費支出的 76.1%，比 2012 年提高 2.1 個百分點；2016 年在中國參與調查的 72.6 萬家規模（限額）以上企業中，有 28.4 萬家開展了創新活動，佔 39.1%，2017 年有 29.8 萬家企業開展了創新活動，佔 39.9%。新企業和企業創新活動正成為中國經濟增長的重要源泉。

四是產品創新能力不斷增強，高水平的新產品供給有效地促進了經濟增長。中國製造業沿着智能化、綠色化、高端化、服務化等產品創新方向，高複雜性、高附加值、高科技含量的新產品不斷湧現，不僅提升了中國整體國力和國際競爭力，而且滿足了消費結構升級的需要，有效地促進了經濟增長。2016 年和 2017 年規模以上工業企業實現新產品銷售收入分別為 17.5 萬億元和 19.2 萬億元，比 2012 年分

別增長 58% 和 73.3%。2016 年和 2017 年新產品銷售收入佔主營業務收入的比重分別為 15.1% 和 16.9%，比 2012 年分別提高 3.2 個百分點和 5.0 個百分點。

三、中國製造的挑戰

無論是從工業化後期或者經濟新常態發展階段變化角度分析，還是從世界科技經濟環境變化角度研究，中國製造在面臨着重大戰略機遇的同時，也需要面對一系列重大挑戰。

（一）化解產能過剩

產能過剩問題雖然被認為是市場經濟條件下一個帶有普遍性的問題，而且 20 世紀末和 2005 年前後中國都出現過較為突出的產能過剩問題，從這個意義上說，產能過剩問題並不是中國工業化後期所特有的問題和挑戰。但是，2011 年以來，中國製造面臨的產能過剩問題的性質和特徵與以往不同，給中國經濟帶來的挑戰嚴重性也不同尋常。

一方面，產能過剩涉及領域更廣、程度更深。從範圍上看，包括鋼鐵、水泥、有色金屬、煤化工、平板玻璃、造船、汽車、機械、電解鋁等領域，甚至擴展到光伏、多晶矽、風電設備等代表未來產業發展方向的戰略性新興產業。從產能過剩程度上看，2012 年年底中國鋼鐵、水泥、電解鋁、平板玻璃、船舶產能利用率分別僅為 72%、73.7%、71.9%、73.1% 和 75%，光伏行業 2013 年產能利用率在 60% 左右，多晶矽、風電設備產能利用率不到 50%，這都明顯低於國際通常水平（一般認為正常的產能利用在 80%－85%）。通過供給側結構性改革，2017 年以後，整體產能利用率得到了大幅度提高，但存在大量「殭屍企業」，產能過剩問題仍長期存在。另一方面，絕大多數產業的產能過剩，尤其是重化工業，不是周期性的相對過剩，而是需求高峰已過，是絕對過

剩。中國進入了工業化後期，已經是名副其實的工業經濟大國，有 200
多種工業產品產量居世界首位，接下來的任務是由工業大國到工業強
國，從大到強轉變的過程中，產能過剩從以前相對過剩轉為現實的絕對
過剩，也就是說，以前周期性產業過剩後來都可以慢慢通過長期需求消
化掉，但到工業化後期以後，許多產業年度需求峰值已經達到，不可能
有長期需求慢慢把峰值吸收掉。

　　產能過剩是粗放的經濟發展方式亟待轉變、低成本工業化戰略亟須
轉型以及中國體制改革不到位的矛盾的集中體現。看似簡單的產能過剩
之所以成為中國經濟發展的「痼疾」，其背後有着深刻複雜的原因。與
成熟的市場經濟國家不同，中國的產能過剩問題有市場自身供求關係變
化引起的經濟周期波動方面的原因，但更為關鍵的是經濟體制與發展方
式的原因。由於中國進入工業化後期，面臨着經濟發展階段的重大變
化，產能過剩絕不僅僅是一個淘汰落後產能的問題，也不僅僅是與產業
重組、霧霾治理、產業結構轉型升級緊密相關的綜合治理工作，而是和
深化政府體制改革、轉變經濟發展方式密切相關，與中國治理體系和治
理能力現代化進程密切相關。

（二）經濟「脫實向虛」

　　製造業是實體經濟的核心，實體經濟是一個國家的強國之本、富民
之基。但是，近些年隨着中國經濟服務化的趨勢加大，中國經濟發展中
呈現出「脫實向虛」問題，製造業發展環境和要素支撐面臨着被弱化、
虛化的風險。這主要表現在以下幾個方面。

　　一是虛擬經濟中的主體金融業增加值佔全國 GDP 比例快速增加，
從 2011 年的 4.7% 快速上升到 2016 年的 8.4%，這已經超過所有發達
國家，美國不足 7%，日本也只有 5% 左右。二是中國實體經濟規模佔
GDP 比例快速下降，以農業、工業、建築業、批發和零售業、交通運
輸倉儲和郵政業、住宿和餐飲業的生產總值作為實體經濟口徑計算，從

2011 年的 71.5% 下降到 2016 年的 64.7%。三是從上市公司看，金融板塊的利潤額已經佔到了所有上市公司利潤額的 50% 以上，這意味着金融板塊企業超過了其他所有上市公司利潤額之和。麥肯錫一份針對中國 3500 家上市公司和美國 7000 家上市公司的比較研究表明，中國的經濟利潤 80% 由金融企業拿走，而美國的經濟利潤只有 20% 歸金融企業。四是實體經濟中的主體製造業企業成本升高、利潤下降、槓桿率提升，而且在貨幣供應量連續多年達到 12% 以上、2011—2016 年貨幣供應量 M2 是 GDP 的倍數從 1.74 倍上升到 2.03 倍比例的情況下，面對充裕的流動性，製造業資金卻十分短缺、資金成本較高，大量資金在金融體系空轉、流向房地產市場，推動虛擬經濟自我循環。大量的資金、人才等資源樂於在虛擬經濟中自我循環，金融業過度偏離為實體經濟融資服務的本質，虛擬經濟無法有效地支持實體經濟發展，這種「脫實向虛」問題表明，實體經濟供給與金融供給之間、實體經濟供給與房地產供給之間存在嚴重的結構性失衡。

造成這種供給結構性失衡問題的原因是複雜的，既有金融部門對於實體經濟部門具有壟斷地位、金融市場服務實體經濟效率不高、房地產頂層設計缺乏和房地產市場亟待規範等眾多原因，但是，必須認識到由於實體經濟供給質量不高進而引起實體經濟自身供求失衡、無法提供高回報率是「脫實向虛」的一個根本原因。在經過了快速的工業化進程，進入「十二五」時期後，中國逐步進入工業化後期，中國的實體經濟規模已經十分龐大，但中國是實體經濟大國而不是實體經濟強國，實體經濟的供給質量還不高。這意味着面對由於工業化後期城市化進程加快推進而帶來的人口結構變化和收入水平提高，消費結構升級明顯，實體經濟的供給要素和供給體系無法適應消費需求結構轉型升級的需要。

具體而言，中國經濟「脫實向虛」趨勢的邏輯原因如圖 4-3 所示。中國已經步入工業化後期的經濟增長新階段，這個階段也是中國經濟步

入新常態的時期，其經濟增長是工業化和城市化進一步深化互動發展的結果。在人口結構變化和收入水平提升的經濟變量驅動下，城市化進程推進消費實現快速轉型升級和服務業迅速發展，但由於體制機制、產業政策和人力資本等原因，服務業快速發展沒有支撐起工業創新能力的相應提升，存在工業和服務業發展的結構性失衡，造成製造業大而不強的供給體系不能迅速升級，製造業供給質量不能滿足升級後的消費需求，原有供求動態平衡被打破和新的供求平衡短期無法形成，製造業出現結構性供需失衡，這種失衡會使得實體經濟部門投資回報率大幅降低，實體經濟增速開始下降。國內供需關係無法有效實現，在信息化全球化的背景下，消費需求轉向海外、國內製造業空心化趨勢加速，同時國內實體經濟經營環境不能相應改善，這一切又加劇了實體經濟部門收益和投資的下降，實體經濟發展進一步受到壓抑。與此同時，在工業化後期經濟潛在增長率下降，經濟面臨下行的巨大壓力，在需求管理的宏觀調控思想指導下，通過貨幣寬鬆方式來刺激經濟增長，但貨幣寬鬆遇到了實體經濟投資回報率的下降，金融系統試圖通過影子銀行、延長信用鏈等金融創新手段尋求快速的高回報。與實體經濟部門面臨日益強化的約束相比，金融部門通過金融創新創造的貨幣供給不斷增加，這兩年每年都以 12%—13% 的速度增長。在金融監管缺位的情況下，這將促使資產價格大幅度上升，加劇證券市場投機和房地產市場金融化，資金在虛擬經濟體系內部不斷自我循環擴張，金融衍生和信用鏈條不斷延伸，這又使得實體經濟融資難融資貴問題突出，進一步使實體經濟投資回報降低、生存發展環境惡化，而虛擬經濟在自我循環中走向泡沫化，表現為高速增長。然而，實體經濟增速下降和虛擬經濟高增長最終導致實體經濟與虛擬經濟的結構失衡。[1]

1　黃群慧：《論新時期中國實體經濟的發展》，《中國工業經濟》2017 年第 9 期。

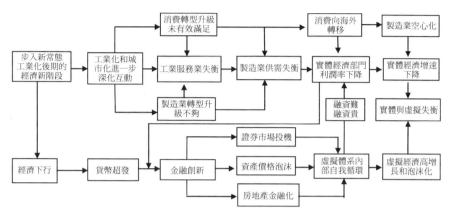

圖 4-3 經濟「脫實向虛」的邏輯示意

資料來源：黃群慧：《論新時期中國實體經濟的發展》,《中國工業經濟》2017 年第 9 期。

（三）製造業成本大幅提升

中國製造業的要素結構和成本環境正在發生重大變化。自 2010 年開始，中國人口撫養比（非勞動年齡人口與勞動年齡人口比）由過去長期保持下降轉為上升，表明中國人口紅利趨於消失，給中國製造業發展帶來的直接影響是製造業勞動成本快速增長。2003─2016 年，中國城鎮製造業職工平均工資年均增長 10%。由於企業承擔的福利支出是按照工資的比例支付的，職工福利支出也隨着工資的快速上漲而增長。勞動力成本的快速上漲減弱了中國製造業的傳統比較優勢。

中國製造業的工資水平已超過大部分東南亞國家和南亞國家，是這些國家的 1─6 倍。據日本貿易振興機構在 2013 年 12 月至 2014 年 1 月所做的調查，上海普通工人的月基本工資為 495 美元，分別是吉隆坡、雅加達、馬尼拉、曼谷、河內、金邊、仰光、達卡、新德里、孟買、卡拉奇、科隆坡的 1.15 倍、2.05 倍、1.88 倍、1.35 倍、3.19 倍、3.61 倍、4.9 倍、6.97 倍、5.76 倍、2.20 倍、2.38 倍、3.21 倍。上海技術人員的月基本工資為 867 美元，分別是吉隆坡、雅加達、馬尼拉、曼谷、河內、金邊、仰光、達卡、新德里、孟買、卡拉奇、科隆坡的 0.84 倍、2.14 倍、

2.02 倍、1.24 倍、2.44 倍、2.75 倍、6.88 倍、3.28 倍、1.53 倍、1.77 倍、2.02 倍、2.45 倍。[1] 中層管理人員的基本工資也高於或相近於多數東南亞國家和南亞國家。據英國經濟學人智庫預測，中印兩國製造業每小時勞動力成本之比，將從 2012 年的 138% 上升至 2019 年的 218%。[2]

同時，中美製造業勞動力成本的相對差距在不斷縮小。1990—2015 年，中國製造業年平均工資由 2073 元提高到 55324 元，16 年間勞動力成本上升了 26 倍。同期，美國製造業年平均工資由 28173 美元上升至 55292 美元，勞動力成本僅上升了 1.9 倍。考慮匯率因素後，若統一按人民幣計價，中美製造業勞動力成本的相對差距也是一直在縮小，而且這種趨勢在 2008 年之後更為顯著。如圖 4-4 所示，1991—2015 年，中國製造業年平均工資增速基本保持在 10% 以上的水平，幾乎一直高於美國，美中製造業平均工資差距已由 1991 年的 65 倍降至 2015 年的 6 倍。[3]

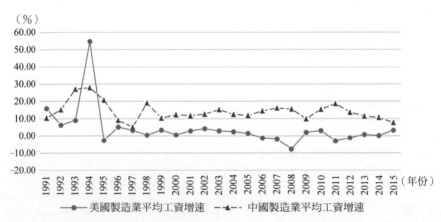

圖 4-4　中美製造業平均工資增長率比較（以人民幣計價的增長率）

資料來源：渠慎寧、楊丹輝：《中美製造業勞動力成本比較》，《中國黨政幹部論壇》2017 年第 9 期。

1　中國社會科學院工業經濟研究所：《中國工業發展報告（2014）》，經濟管理出版社 2014 年版，第 355 頁。

2　國家製造強國建設戰略諮詢委員會編著：《中國製造 2025 藍皮書（2017）》，中國工信出版集團、電子工業出版社 2017 年版，第 31 頁。

3　渠慎寧、楊丹輝：《中美製造業勞動力成本比較》，《中國黨政幹部論壇》2017 年第 9 期。

　　中國製造業成本上升，不僅僅是勞動力成本，在工業增速由高速向中高速轉變的過程中，稅收成本對製造業的影響越來越突出。不同口徑的測算結果表明，中國製造業企業稅收成本超過 45%，加入各類行政性收費和政府基金後的綜合稅負成本超過 60%，大幅高於美國製造業企業 38.92% 的稅收成本和 44% 的綜合稅負成本。[1] 此外，根據相關測算，在製造業企業使用的主要能源產品中，除原油成本中美基本相同外，其他主要能源產品，中國的價格都顯著高於美國。其中，中國的工業用電成本比美國高 60%，電煤價格是美國的 1.6 倍，焦煤價格是美國的 1.44 倍，成品油價格是美國的 1.5 倍左右，工業用天然氣價格是美國的 2.4—4.7 倍，工業用地成本為美國 2—6 倍。以汽車零部件為例（見表 4-1），在美國南部設廠和在中國長三角地區設廠成本比較，在不包括運輸、關稅等情況下，在中國設廠的勞動力成本節約從 65% 下降到 39%，總成本節約從 2000 年的 16% 下降到 2015 年的 10%，中國製造業的成本優勢已不顯著。

表 4-1　汽車零部件廠商在美國南部設廠和在中國長三角地區設廠成本比較

	比較項目	2000 年	2015 年
美國南部	工資（美元／小時）	15.81	24.81
	生產率（為美國生產率百分比）	100	100
	勞動成本（美元／件）	2.32	3.32
中國長三角地區	工資（美元／小時）	0.72	6.31
	生產率（為美國生產率百分比）	13	42
	勞動成本（美元／件）	0.74	2.00
中國比美國	勞動成本節約（%）	65	39
	總成本節約（%）	16	10

資料來源：張帆：《產業漂移》，北京大學出版社 2014 年版，第 255 頁。

1　姜鴻、賀俊：《中美製造業稅負成本比較及對策建議》，《財經》2016 年第 12 期。

（四）新工業革命

新工業革命對於中國的製造業發展而言，既是一個戰略機遇，也是一個巨大的挑戰。一是可能進一步弱化中國的要素成本優勢，中國必須推進低成本工業化戰略轉型。新工業革命加速推進了先進製造技術應用，必然會提高勞動生產率、減少勞動在工業總投入中的比重，中國的比較成本優勢則可能會加速弱化。二是可能對中國產業升級和產業結構升級形成抑制。現代製造技術的應用提升了製造環節的價值創造能力，使得製造環節在產業價值鏈上的戰略地位將變得與研發和營銷同等重要，過去描述價值鏈各環節價值創造能力差異的「微笑曲線」有可能變成「沉默曲線」，甚至「悲傷曲線」。發達工業國家不僅可以通過發展工業機器人、高端數控機牀、柔性製造系統等現代裝備製造業控制新的產業制高點，而且可以通過運用現代製造技術和製造系統裝備傳統產業來提高傳統產業的生產效率，從而，「第三次工業革命」為發達工業國家重塑製造業和實體經濟優勢提供了機遇，曾經為尋找更低成本要素而從發達國家轉出的生產活動有可能向發達國家回溯，導致製造業重心再次向發達國家偏移，傳統「雁陣理論」所預言的後發國家產業趕超路徑可能被封堵。三是可能進一步惡化中國的收入分配結構。提高勞動報酬的機制，雖然一般可以通過稅收等制度設計提高勞動在初次和二次分配中的比重，但更根本、更有效、對要素市場扭曲最小的方式是為勞動者創造更多高勞動生產率的工作崗位。但是在一般勞動者素質不能大幅度提高的情況下，新工業革命的推進會造成職工的失業或者被鎖定在低附加值的簡單勞動環節中。

（五）「過早地去工業化」

進入 20 世紀 60 年代以後，工業化國家製造業就業人數急劇下降，總體約減少了 2500 萬個崗位，歐盟國家製造業就業至少減少了約 1/3。同時，製造業和第二產業在三次產業增加值佔比也逐步降低，這被認為

是「去工業化」。到 20 世紀 80 年代東亞一些高收入國家也開始了自己的「去工業化」過程。甚至一些中等收入的拉丁美洲國家和南非在推進激進的經濟改革後也開始「去工業化」。由於這些國家還沒有實現工業化，人均收入遠低於工業化國家，所以被認為是「過早地去工業化」，而且這被一些學者認為是這些國家陷入「中等收入陷阱」的一個重要原因。當一個國家和地區製造業增加值佔 GDP 比重達到 30% 以後，製造業所帶來的技術滲透效應、產業關聯效應和外匯儲備效應都已經得到充分體現，服務業效率提高能夠承擔支持經濟增長的引擎，此時製造業佔比降低被認為是「成熟地去工業化」。但是當一個國家和地區的製造業就業低於整體就業的 5% 就開始降低製造業在國民經濟中的比重，這就是「過早地去工業化」，由於製造業發展不充分，取代製造業的可能是低技能、低生產率、低貿易度類型的服務業，這些服務業無法作為經濟增長的新引擎來替代製造業的作用，無法保證經濟的可持續增長。如果從工業化是生產要素組合從低級向高級的突破性變化的過程這個界定出發，「過早地去工業化」實質是沒有實現生產要素組合向高級突破性變化而對工業化進程的中斷。

伴隨着 2011 年以來經濟增速放緩，中國經濟服務化的趨勢十分明顯。到 2013 年，服務業增加值佔 GDP 比例達到了 46.1%，而工業增加值佔比為 43.9%，服務業佔比首次超過了工業，成為最大佔比產業。2015 年，中國服務業佔比首次超過了整個 GDP 的 50%。無論是從中國的工業化進程看，還是從產業結構高級化趨勢看，2013 年服務業產值比例首次超越工業產值比例，在一定程度上都是一個具有象徵意義的轉折點，這意味着從統計上看服務業成了供給的主要驅動力。

長期以來，大力發展服務業、推動產業結構的轉型升級一直是中國產業政策激勵導向和發展戰略的目標方向，2013 年服務業產值比例超過工業產值比例，2015 年成為第一大產業，這既在一定程度上表明了中國經濟政策的有效性，也成為中國經濟發展階段變化的重要標誌，可以預

見這種趨勢日後還會更加明顯。但是，在清楚認識並順應經濟服務化趨勢的同時，我們還必須防範由於服務業提升太快、製造業比例過快下降而產生的「過早去工業化」和「製造業空心化」風險。

1978—2011 年，中國服務業佔比年均增長約 0.6 個百分點；2011—2016 年，中國服務業佔比年均增長約 1.5 個百分點，而工業年均下降 1.1 個百分點，應該說，服務業佔比快速增長和工業佔比快速下降是前所未有的。同樣，世界上很少國家有如此高速度的結構變遷。對服務業佔比過快上升不能持過於樂觀的態度，這是因為相對於製造業而言，服務業資本深化程度不夠，佔比過快增長會使全社會人均資本降低，進而導致全要素生產率下降，影響經濟增長速度。近些年，服務業佔比提升而經濟增速下降，出現了所謂的「結構性減速」，在一定程度上說明了這個問題。2016 年工業投資特別是製造業投資增速回落，2016 年全年工業投資總額 231826 億元，增長 3.5%，增速比 2015 年減少 4.2 個百分點；其中製造業投資增速增長 4.2%，比 2015 年全年下降 3.9 個百分點，製造業吸引外商直接投資增長為－6.1%，中國製造業對外直接投資增長為 116.7%。在當前世界範圍新一輪科技和產業革命方興未艾、中國大力推進實施製造強國戰略的背景下，國內工業投資增速大幅回落、國外投資大幅增長，無疑是「製造業空心化」的一個重要信號。因此對於中國而言，要避免當前過快的製造業佔比下滑而引起「過早地去工業化」。

第 五 章

化 解 產 能 過 剩

　　計劃經濟體制下，中國經濟飽受「短缺經濟」之苦，糧票、布票等與貨幣一樣充當交換等價物。在推進經濟體制改革 20 年以後，大約從 20 世紀 90 年代中期以來，中國經濟整體上告別「短缺經濟」，賣方市場被買方市場所替代，供過於求成為經濟的常態。這種背景下，產能過剩問題出現並逐步成為中國經濟生活中的一個「痼疾」，這也徹底扭轉了以前所認為的只有資本主義社會才會有產能過剩問題的錯誤認識。製造業產能過剩，雖具有一定周期性，但近 20 多年來一直是中國經濟發展中需要解決的一個重大問題。化解產能過剩，雖然重點有差異，但多年來一直是中國產業政策的一項重要內容。

一、什麼是產能過剩

　　所謂產能過剩（excess capacity 或 surplus capacity），直觀可以理解為一個經濟體的生產能力大於消費能力，具體地說是產能利用率低於正常值的經濟現象。進入 21 世紀，中國的基本經濟國情已經從農業大國轉變為工業大國，在世界 500 種主要工業品中，有 220 種產品產量居全球第一位，其中粗鋼、電解鋁、水泥、精煉銅、船舶、計算機、空調、冰箱等產品產量都超過世界總產量的一半。伴隨着中國經濟「長大」的喜悅，「大而不強」的結構性問題也困擾着中國經濟的進一步發展，產能過剩就是集中的體現。應該說，適度的供過於求有利於市場充分競爭、提高效率，但長期的產能過剩會造成企業大面積虧損和破產、失業增

加、金融風險加大、資源大量浪費等問題。問題的關鍵是產能利用率低到什麼程度，產能過剩才成為一個問題。

嚴格地界定，產能過剩是指實際產出數量小於設備滿負荷利用時的潛在生產能力而形成的生產能力過剩，一般可以用產能利用率或設備利用率（實際產出與潛在產能之比）衡量產能過剩的程度。美聯儲每月公佈一次上個月的產能利用率數據，每年的 3 月做年度修改。美聯儲的產能指數覆蓋北美行業分類系統（NAICS）三位數和四位數行業的 89 個細分行業，包括 71 個製造業、16 個採礦業和 2 個公用事業，同時又劃分成耐用品製造業、非耐用品製造業、全部製造業、採礦業、公用事業等若干組。[1] 美聯儲認為產能利用率達到 85% 以上則為產能充分利用，超過 90% 為產能不足，79%—83% 為產能過剩。2015 年以後，中國國家統計局按季度公佈工業產能利用率，其工業產能利用率是以價值量計量的實際產出與生產能力（平均）的比率，其中實際產出是指企業報告期內的工業總產值，而生產能力是指報告期內，在勞動力、原材料、燃料、運輸等保證供給的情況下，生產設備（機械）保持正常運行，企業可實現並能長期維持的產品產出。這些數據是基於大中型企業全面調查、小微企業抽樣調查的結果，涉及 9 萬多家工業企業。一般而言，中國認為產能利用率在 80%—85% 屬於正常範圍，超出該區間則反映產能過剩或者短缺，這意味着如果一個產業產能利用率低於 80%，則該行業可以定義為產能過剩行業。

改革開放以來，中國出現過多次比較嚴重的產能過剩現象。最早在 20 世紀 90 年代初，曾針對紡織工業過剩問題進行了結構調整，大幅度壓縮紡錠規模，但這主要是針對紡織及相關行業，範圍相對比較窄。在 20 世紀 90 年代末到 21 世紀初，由於各地盲目投資重複建設嚴重，特別

1　［美］伯納德・鮑莫爾：《經濟指標解讀（珍藏版）》，徐國興、申濤譯，中國人民大學出版社 2014 年版。

是受亞洲金融危機影響，商務部監測的主要消費品和主要生產資料中，一半以上的產品供過於求、庫存增加，生產過剩嚴重，企業效益惡化造成大量銀行信貸呆壞賬。在進入 21 世紀後，中國進入新的重化工業階段，在住宅、汽車、電子通信和基礎設施建設等龍頭行業的帶動下，中國經濟呈現快速增長態勢；這些龍頭行業拉動了一批中間投資品性質的行業，主要是鋼鐵、有色金屬、機械、建材、化工等；以上兩個方面又拉動了電力、煤炭、石油等能源行業的增長。但是，2008 年美國金融危機發生之後，以鋼鐵、造船、太陽能光伏等行業為典型代表的產能過剩問題突顯出來，如圖 5-1 所示，2009 年工業產能利用率只有 73.1%。2009 年 9 月 26 日由國家發展改革委、工業與信息化部等部門聯合頒佈的《關於抑制部分行業產能過剩和重複建設引導產業健康發展的若干意見》指出，鋼鐵、水泥、平板玻璃、煤化工等傳統行業的產能過剩將會進一步加劇，多晶矽、風電設備等新興行業也出現了重複建設傾向。隨着中國實施經濟刺激計劃，產能過剩問題相對得到緩解。但是在 2012 年以後，隨着中國工業化步入後期，重化工產能過剩問題日益突出，再加上經濟刺激計劃的後遺症也逐步暴露出來，產能利用率逐年下降，2012—2016 年產能利用率分別為 77.5%、75.8%、75.6%、74.3%、73.3%。2016 年開始着手推進供給側結構性改革，全面實施去產能、去庫存、去槓桿、降成本、補短板的「三去一降一補」政策，2017 年產能利用率提高到 77.0%，供給側結構性改革效果顯現出來。

國際金融危機以來，中國製造業面臨的產能過剩問題呈現出一些新情況和新特點，突出表現為時間更長、行業更廣、程度更深。

從時間上看，國際金融危機以來的中國製造業產能過剩問題已經從階段性轉變為長期性。在經歷長達 30 多年的高速增長後，中國工業化進程步入後期階段，中國經濟增長率下降，大多數重化工行業的需求高峰已過，試圖等待經濟形勢復甦後依靠快速經濟增長來化解產能過剩的可能性已很小。因此，雖然以前產能過剩問題都是隨着新一輪經濟高速

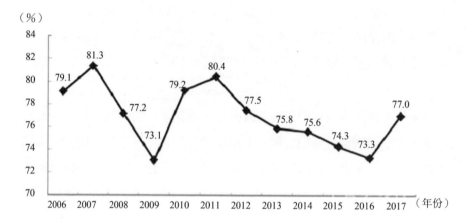

（％）

圖 5-1　中國全國年度工業產能利用率（2006—2017 年）

資料來源：國家統計局。

增長而被化解，但國際金融危機後的中國產能過剩問題依然試圖通過這個路徑化解的可行性較小。這就要求從根本上進行結構性改革，來化解產能過剩。表 5-1 為自 2009 年以來中國政府各部門頒佈的與產能過剩問題直接相關的各項政策。從表 5-1 中可以看出，自 2009 年到 2017 年，一直都有關於產能過剩問題相關的政策出台，這裏只是列舉了若干政策。中共十八屆三中全會明確提出「要建立化解產能過剩的長效機制」。2015 年中央經濟工作會議要求按照企業主體、政府推動、市場引導、依法處置的辦法研究制定全面配套的政策體系。2016 年和 2017 年政府工作報告連續強調堅持市場倒逼、企業主體的方針，更多運用市場化法治化手段，嚴控新增產能，實現落後產能的有序退出。2017 年中央經濟工作會議要求繼續推動鋼鐵、煤炭行業化解過剩產能，用市場、法治的辦法做好產能嚴重過剩行業去產能工作。這從一個角度表明，化解產能過剩一直是中央政策文件和政府出台產業政策關注的一個重要任務，產能過剩問題具有長期性。這意味着從國際金融危機算起，中國化解產能過剩已經推進了 10 多年，化解產能過剩成為一項長期任務。

表 5-1　近年來中國出台化解過剩產能的主要政策

時間	政策	部門
2009 年 9 月 26 日	《國務院批轉發改委等部門關於抑制部分行業產能過剩和重複建設引導產業健康發展的若干意見》	國務院
2010 年 2 月 6 日	《關於進一步加強淘汰落後產能工作的通知》	國務院
2010 年 10 月 13 日	《部分工業行業淘汰落後生產工藝裝備和產品指導目錄》	工業和信息化部
2011 年 4 月 18 日	《關於做好淘汰落後產能和兼併重組企業職工安置工作的意見》	人力資源和社會保障部
2011 年 4 月 20 日	《淘汰落後產能中央財政獎勵資金管理辦法》	財政部、工業和信息化部、國家能源局
2011 年 4 月 26 日	《國務院關於發佈實施〈促進產業結構調整暫行規定〉的決定》	國務院
2012 年 5 月 4 日	《國務院辦公廳轉發發展改革委等部門關於加快培育國際合作和競爭新優勢指導意見的通知》	國務院辦公廳
2013 年 10 月 15 日	《國務院關於化解產能嚴重過剩矛盾的指導意見》	國務院
2013 年 11 月 5 日	《貫徹落實國務院關於化解產能嚴重過剩矛盾的指導意見》	國家發改委和工信部
2014 年 4 月 10 日	《國務院關於化解產能嚴重過剩矛盾的指導意見》	銀監會
2014 年 4 月 14 日	《水泥單位產品能源消耗限額》	國家發改委、工信部
2014 年 7 月 31 日	《部分產能嚴重過剩行業產能置換實施辦法》	工信部
2015 年 5 月 7 日	《關於嚴格治理煤礦超能力生產的通知》《做好 2015 年煤炭行業淘汰落後產能工作的通知》	國務院、國家能源局、國家煤礦安監局
2015 年 5 月 16 日	《關於推進國際產能和裝備製造合作的指導意見》	國務院
2016 年 2 月 1 日	《國務院關於鋼鐵行業化解過剩產能實現脫困發展的意見》《國務院關於煤炭行業化解過剩產能實現脫困發展的意見》	國務院
2016 年 5 月 5 日	《國務院辦公廳關於促進建材工業穩增長調結構增效益的指導意見》	國務院辦公廳
2017 年 4 月 17 日	《關於做好 2017 年鋼鐵煤炭行業化解過剩產能實現脫困發展工作的意見》	發改委、工信部、財政部等23部委

資料來源：根據中國社會科學院工業經濟研究所編 2013—2017 年《中國工業發展報告》整理。

　　從行業分佈看，國際金融危機之後與之前相比，中國製造業面臨的產能過剩涉及面更廣，中國工業行業的產能過剩從局部行業、產品的過剩轉變為全局性過剩。2009 年國務院發佈的《關於抑制部分行業產能過剩和重複建設引導產業健康發展若干意見的通知》（國發〔2009〕38 號）指出，「不僅鋼鐵、水泥等產能過剩的傳統產業仍在盲目擴張，電解鋁、造船、大豆壓榨等行業產能過剩矛盾也十分突出，風電設備、多晶矽等新興產業也出現了重複建設傾向」；2012 年中央經濟工作會議指出：除了鋼鐵、水泥、平板玻璃、煤化工、造船等傳統行業產能大量過剩外，氮肥、電石、氯鹼、甲醇、塑料等一度熱銷的化工產品也因為產大於需而銷售困難；銅、鋁、鉛鋅冶煉等有色金屬行業生產形勢低迷，產能過剩問題凸現，甚至多晶矽、風電設備等新興產業領域的產品也出現產能過剩，大型鍛件也存在產能過剩的隱憂。

　　從產能過剩的程度看，國際金融危機以後部分行業產能過剩的程度十分嚴重。2013 年 10 月發佈的《國務院關於化解產能嚴重過剩矛盾的指導意見》指出，2012 年年底中國鋼鐵、水泥、電解鋁、平板玻璃、船舶產能利用率分別僅為 72%、73.7%、71.9%、73.1% 和 75%，明顯低於國際通常水平。到 2015 年，各個重點行業產能利用率進一步下降，如表 5-2 所示，粗鋼、煤炭、平板玻璃和造船的產能利用率都低於 70%。在經過 2016 年、2017 年的供給側結構性改革後，雖然工業產能利用率得到改善，2017 年提高到 77%，中國的工業生產者價格指數也在經歷了連續 54 個月負增長後，在 2016 年 9 月由負轉正，但是，中國結構性矛盾主要還是在供給側。2018 年中央經濟工作會議提出進一步深化供給側結構性改革，提出鞏固「三去一降一補」的成效。因此，繼續化解過剩產能，仍是未來中國一項重要經濟工作任務。

表 5-2　中國主要產能過剩工業品年總產量及產能利用率（2015 年）

工業品種類	年總產量	產能利用率（%）
粗鋼	8.038 億噸	67.00
煤炭	37 億噸	64.90
水泥	31.8 億噸	73.80
平板玻璃	7.39 億重量箱	67.99
電解鋁	3141 萬噸	75.40
造船	造船完工量 4184 萬載重噸	< 70.00

資料來源：中國社會科學院工業經濟研究所：《中國工業發展報告（2017）》，經濟管理出版社 2017 年版，第 86 頁。

二、製造產能何以過剩

　　看似簡單的產能過剩，之所以成為中國經濟發展的「痼疾」，其背後有着深刻複雜的原因，有市場自身供求關係變化引起的經濟周期波動方面的原因，但更為關鍵的是中國經濟體制亟待改革、經濟發展方式亟須轉變。在中國，社會主義市場經濟體制還不成熟，政府主導的投資驅動經濟增長方式還是「主流」，長期以來不僅造成大量的低水平重複建設，甚至一些所謂高端產業也由於一哄而上出現了產能過剩。

　　周期性產能過剩既然是隨着宏觀經濟波動而在經濟的衰退期形成的，那麼就是各個國家普遍存在。如表 5-3 所示，從美聯儲公佈的美國工業產能利用率情況看，2009 年，受國際金融危機影響，美國產能利用率陷入自 1972 年以來的最低時期，2009 年工業產能利用率僅為 66.8%，不但低於 1972—2012 年的平均水平，也遠低於 1990—1991 年的水平。隨着宏觀經濟上的逆周期調節政策，美國經濟周期逐步走穩，產能利用率也有很大的提升，到 2012 年年底已恢復到接近 80% 的正常水平。同樣，經濟周期變化也是中國產能過剩產生的一個重要原因。如圖 5-1 所示，在 2009 年，受國際金融危機影響，中國經濟周期下行壓力

巨大，中國的產能利用率只有 73.1%，這也是自 2006 年至今產能利用率最低的年份。宏觀經濟周期的影響不可小覷。

表 5-3　美國工業產能利用率變化情況　　　　　單位：%

	1972—2012 平均	1988—1989 (高)	1990—1991 (低)	1994—1995 (高)	2009 (低)	2012.1	2012.12	2013.2
全部工業	80.2	85.2	78.8	85.0	66.8	78.1	79.3	79.6
製造業	78.8	85.6	77.3	84.6	63.8	76.1	78.2	78.3
採礦業	87.4	86.3	83.9	88.6	78.5	91.8	91.9	90.2
公用事業	86.0	92.9	84.3	93.3	79.1	75.6	70.9	75.4

資料來源：李曉華：《後危機時代我國產能過剩研究》，《財經問題研究》2013 年第 6 期。

　　但是，對於中國製造的產能過剩問題而言，學者們更關注的是有別於其他市場經濟體制國家的形成產能過剩的體制性原因。因為周期性原因形成的產能過剩可以通過周期性波動來化解，在一定意義上，周期性產能過剩也是市場經濟運行一個十分正常的現象，隨着周期波動而生，在逆周期調節政策作用下，也隨着周期波動而消失。對於體制性原因導致的產能過剩而言，如果體制原因沒有消除，只治標不治本的政策作用空間不大。中國產能過剩問題在很大程度上是由於體制機制原因形成的，在我們無法從根本上轉變 GDP 導向的政府業績觀的前提下，地方政府投資衝動難以遏制，不僅舊的過剩產能難以被消化，例如，試圖通過兼併重組消化一部分產能，通過產業政策淘汰一部分產能，在實際推進過程中往往難度很大，政策常常被執行走樣，或者上有政策，下有對策。而且，新的過剩產能還會不斷被製造出來，甚至包括所謂戰略性新興產業。具體而言，造成中國產能過剩的深層次體制原因包括以下五個方面。

　　第一，長期形成了投資驅動的經濟增長模式，是導致眾多工業投資品行業產能過剩的直接原因。在政府對經濟增長率片面追求業績觀

的指導下，中國經濟增長在很大程度上是依靠投資和出口需求共同驅動。但是這種模式具有不可持續性，一方面，該模式極大地壓抑了國內終端消費需求，另一方面又在不斷地給工業中的投資品行業提供了強烈的市場需求和通過投資擴大生產能力的信號，最終極易導致工業品產能過剩。

第二，政府干預破壞了要素市場的價格信號，導致供求關係的混亂，從而形成了產能過剩。在各地大力推動經濟增長的過程中，地方政府採用土地優惠、稅收優惠、能源價格優惠甚至提供財政資助等補貼措施，以及幫助企業獲取貸款等手段進行招商引資競爭，導致了市場機制和市場自身功能的嚴重缺失。在片面追求 GDP 驅動下，政府對土地、勞動力、資金、礦產資源、生態環境等要素價格的不合理定價，造成資源過度開採、土地過度開發、環境過度使用、資本過度重化工業化，最終體現在工業產能過剩上。

第三，雖然經過多年的國企改革，但政府對國有企業具有很大的干預，大量的地方平台公司成為政府的第二財政，這再疊加上國有企業所固有的「軟預算約束」，最終導致一大批國有企業具有「投資飢渴」和「擴張衝動」，最終在產能過剩行業進行大量投資。實際上，這些年產能嚴重過剩的重化工行業中，國有企業是產能過剩的主力軍。與中國快速工業化進程、投資驅動高速增長、粗放的經濟增長方式相適應，一直以來中國國有經濟發展方式以投資驅動的規模擴張為主導。在經濟高速增長的大環境下，企業面臨眾多的發展機會，模仿型排浪式消費需求和大規模的基礎設施投資需求，使得「跨越式」發展成為多數企業追求而且可以實現的發展戰略目標。與民營企業的企業家機會導向驅動的「跨越式」發展方式不同，主客觀條件使得國有企業更多地傾向選擇投資驅動的「跨越式」發展方式：一是國家賦予國有企業承擔國家安全、經濟趕超等方面的國家使命，需要涉及國家安全行業、自然壟斷行業、重要公共產品和服務行業、經濟支柱和高新技術產業中的國有企業在規模上迅

速擴張，與大型國外跨國公司抗衡。二是地方政府出於稅收和地方經濟發展業績的需要，對地方國有企業迅速規模擴張有很大的需求。三是由於政府官員的任期制和國有企業企業家的組織任命制，國有企業決策者有更強的依靠投資快速擴張的動機。長期實踐下來，國有企業也就更習慣於這種投資驅動的「跨越式」發展方式。四是經過國有經濟戰略性重組，與中國快速工業化進程相適應，國有企業大多處於需要高投資的重化工業。五是在融資體制機制上，國有企業具有得到大規模投資的更多的便利性。[1]

第四，政府採用強選擇性產業政策，也成為導致產能過剩的一個重要原因，尤其是對於戰略性新興產業。長期以來中國政府習慣於強選擇性產業政策干預市場，中國產業政策重點是政府通過補貼、稅收、法規等形式直接支持、扶持、保護或者限制某些產業的發展，以加快產業結構轉型升級、實現經濟趕超，往往傾向於扶持國有大企業、鼓勵企業兼併提高集中度、抑制產能過剩和防止過度競爭、補貼戰略性新興產業和激勵技術創新等。應該說，這些政策發揮了其在工業化初中期的經濟趕超功能，但是，也產生了一系列問題，而產能過剩問題就是一個體現。尤其是近些年，產業政策不當干預是導致以光伏產業為代表的新興產業出現嚴重產能過剩的重要原因。同樣，新能源汽車的過度補貼，還引起多家汽車企業嚴重「騙補」問題。可以預計，如果新能源汽車政策過強，在不久的將來，新能源汽車也可能會產生產能過剩問題。實際上，到 2018 年，中國汽車整體銷售 20 年來首次出現負增長，雖然因為牌照問題，新能源汽車銷量還是大幅增長，但汽車產業的產能過剩問題為期不遠。

第五，產能過剩的深層次體制原因也可以歸結為地方政府的地方保

1　黃群慧：《「十三五」時期新一輪國有經濟戰略性調整研究》，《北京交通大學學報》（社會科學版）2016 年第 2 期。

護主義。地方政府追求自己的經濟快速增長，是中國經濟增長奇蹟的一個重要原因，但也有其負面效應。地方政府為了本地區 GDP 和財政收入，易出現以地方保護為特徵的道德風險問題，地方政府傾向於向本地區的企業提供保護性措施（如政府購買和補貼），提高外來企業產品進入本地市場競爭的壁壘，為在本地投資企業提供各種投資便利條件，最終形成「諸侯經濟」現象。從本地區利益出發的大量投資，最終會在全國形成盲目投資和重複建設，成為產能過剩的重要原因。

以上深層次體制問題的種種表現，在現有政府治理經濟體系下，無法短期內解決。在體制機制問題無法解決的背景下，面對嚴重的產能過剩問題，政府治理政策還有可能導致越治理越過剩。一方面，化解過剩產能的市場機制短期內難以建立，市場競爭的優勝劣汰機制無法成為化解過剩產能最為有效的工具，在市場出現過剩產能時市場競爭不能把過剩產能較快清理出市場，破產機制作為市場經濟體制中化解過剩產能最為重要的金融和法律途徑，不能很好地發揮作用。另一方面，上級政府越來越傾向於強化問責制和行政上的組織領導等手段強制淘汰落後產能，但是，由於淘汰數量標準過於主觀、人為設定的技術標準、粗暴的行政手段，雖然短期可以達成市場平衡，但過後產能過剩死灰復燃，再次出現，又重複新一輪的行政關停。

三、治理產能過剩

中國製造業的產能過剩既有周期性原因，又有體制性原因。面對這種複雜的產能過剩問題，有效治理是一個巨大挑戰，而要有效治理，只有「標本兼治」方為上策。可以認為，政府通過短期的行政化措施化解產能過剩，基本都是治標的措施，而只有市場化、法制化的措施才是治本的措施。表 5-4 比較了兩類措施的基本特徵。

表 5-4　產能過剩「標本兼治」：市場化手段與行政化手段比較

	市場化手段化解產能過剩	行政化手段化解產能過剩
目標	供求平衡，避免嚴重和持續的產能過剩	供求平衡，解決特定行業嚴重的產能過剩
震動幅度	市場自動調整，連續微調，產能振幅小	政府措施強制淘汰，非連續調整，產能振幅大
適用領域	不嚴重的產能過剩，體制性、供給側因素導致的產能過剩	周期性、需求側因素導致的嚴重產能過剩，外部性等致使市場偏離均衡導致的產能過剩
動力	源於企業內在逐利動力和外部競爭壓力，內在激勵和主動性強	源於中央政府通過產業政策、行政規定以及對政策執行者的強制要求，由具有增長偏好的地方政府實施，缺乏內在激勵和主動性
淘汰次序	外部約束健全條件下，市場自動選擇淘汰次序，落後產能因為不符合監管要求和缺乏市場競爭力被率先淘汰，落後程度越高的越先被淘汰	政府根據相關政策和標準選擇淘汰次序，確定淘汰對象，不符合標準產能的均被列入淘汰之列
手段	根據外部約束和市場競爭，企業自主決定減少或擴大產能，主要依靠企業自主投資、決策等選擇性手段	政府根據相關政策和判斷、偏好、採取壓縮產能、總量控制以及限制准入、限制要素供給、從嚴把握項目審批、淘汰落後裝置等強制性手段，從外部給企業施加壓力或強制性要求，迫使企業減少產能
效果	可以形成產能的自我抑制機制，有利於避免嚴重和持續的產能過剩，可以持續不斷地調節產能因而不會頻繁出現嚴重的過剩，長期效果好，但對於已經出現的嚴重產能過剩短期難以見效，具體效果取決於外部約束和政府監管是否到位	嚴重的產能過剩可能得到短期和較快的糾正，但不能自我抑制，產能邊壓邊增，被淘汰的產能容易死灰復燃，甚至陷入越控制總量、投資越踊躍、產能越過剩的惡性循環，政府預測和選擇經常與市場實際需求有偏差

資料來源：劉戒驕、王振：《市場化化解產能過剩的原理與措施分析》，《經濟管理》2017 年第 6 期。

　　從政府主體推進化解產能過剩看，經過多年的實踐，已經形成了一套基本政策體系。從政策的指導思想上看，是「分業施策、綜合施治」。所謂「分業施策」，就是要抓住重點過剩行業集中採取針對性措施進行治理。例如在 2012 年，中國鋼鐵、水泥、平板玻璃、電解鋁和造船行

業的產能利用率都只在 70% 左右，需要重點治理，其中鋼鐵和造船行業產業集中度低的問題比較突出，需要通過積極推進兼併重組實現產能整合；電解鋁和平板玻璃行業的技術准入門檻低，需要盡快提高技術准入標準抑制低水平的重複建設；水泥行業則可以重點通過提高節能門檻限制落後產能增長；等等。

所謂「綜合施治」，就是要採用「限制、消化、轉移、整合、淘汰」多管齊下的「雞尾酒療法」來綜合治理產能過剩。（1）關於「限制」，具體措施包括嚴格限制項目的審批和開工，這可以通過提高產能過剩行業准入的能耗、物耗、環境保護等方面的准入門檻，對新興產業及時建立和完善准入標準，通過嚴把項目審批、土地、環評等行政審批關口，停止新項目的審批、禁止審批通過項目的開工、在建項目停工，從而控制住產能過剩行業的固定資產投資、抑制產能的擴張，從而從源頭上抑制投資的過快增長，特別是新的落後產能的形成。（2）關於「消化」，就是通過擴大和創造內需消化一批產能，尤其是針對那些代表着市場需求和產業發展方向的重點戰略性新興產業，包括光伏、風電等產業出現的產能過剩，節能綠色產品、信息服務和產品等應該是通過消費政策刺激內需的重點方向。具體可以通過加大應用示範性項目建設、政府採購、消費品對消費者的直接補貼以及投資品對企業用戶的國產首台（套）裝備風險補償等措施，在消化過剩產能的同時，幫助企業渡過難關，也能使產業的核心能力得到保護和延續。（3）關於「轉移」，意味着通過加快企業「走出去」步伐向境外轉移一批產能。這也是在「一帶一路」倡議下積極推進國際產能合作的一個初衷。向國外轉移生產能力，不僅僅能夠化解過剩產能，還具有規避貿易壁壘、減輕貿易摩擦的優勢，另外還有利於那些因國內成本上漲而喪失競爭力的企業持續發展。2015 年 5 月國務院頒佈的《關於推進國際產能和裝備製造合作的指導意見》，就是旨在促進中國企業「走出去」、化解過剩產能。這裏需要指出的是，過剩產能並不等於落後產能。相對於中國國內需求而言是過剩產能，但

相對於其他發展階段的國家而言，有可能正是所需要的。因此，「轉移」
過剩產能其實對於雙方而言是共贏的。（4）關於「整合」，是指通過推
動企業兼併重組整合一批產能，這可以和深入推進國有經濟戰略性重組
結合起來。2013 年 1 月 22 日，工信部、發改委等國務院促進企業兼併
重組工作部際協調小組 12 家成員單位聯合發佈《關於加快推進重點行業
企業兼併重組的指導意見》，提出了汽車、鋼鐵、水泥、船舶、電解鋁、
稀土、電子信息、醫藥和農業產業化九大行業和領域兼併重組的主要目
標和重點任務，旨在加快推進產能過剩行業的兼併重組。一些治理具體
行業產能過剩的政策也把兼併重組作為重要舉措，例如，《關於遏制電解
鋁行業產能過剩和重複建設引導產業健康發展的緊急通知》提出在不增
加電解鋁產能的前提下，國家將繼續支持企業以資產為紐帶、以資源為
保障、以技術為支撐的跨行業、跨地區、跨所有制的聯合重組。《關於抑
制產能過剩和重複建設引導平板玻璃行業健康發展的意見》提出在項目
核准、土地審批、信貸投放、稅收減免等方面支持優勢企業，鼓勵企業
少建新線、多兼併重組。（5）關於「淘汰」，是通過關停並轉淘汰一批
落後產能，2010 年《國務院關於進一步加強淘汰落後產能工作的通知》
對產能過剩行業堅持新增產能與淘汰產能「等量置換」或「減量置換」
的原則，嚴格環評、土地和安全生產審批，遏制低水平重複建設，防止
新增落後產能；改善土地利用計劃調控，嚴禁向落後產能和產能嚴重過
剩行業建設項目提供土地。針對水泥、平板玻璃等產能過剩重點行業的
文件，也將淘汰落後產能作為治理產能過剩的重要舉措。2012 年，中國
共下達 19 個工業行業淘汰落後產能目標任務，2013 年進一步加大這方
面工作力度，將鋼鐵、水泥、電解鋁、平板玻璃、船舶等行業作為該年
工作的重點。通過綜合施策，尤其是「三去一降一補」的供給側結構性
改革的政策，中國「去產能」進展順利，2016—2017 年，共退出煤炭產
能 5.4 億噸，化解鋼鐵產能 1.2 億噸，淘汰「地條鋼」1.4 億噸，淘汰、
停建、緩建煤電產能 6500 萬千瓦。2018 年 1—9 月，鋼鐵進一步去產能

超過 0.2 億噸，基本完成「十三五」確定的目標，煤炭去產能 5.5 億噸，完成目標任務 70%，鋼鐵、煤炭產能利用率分別從 2016 年的 72.3% 和 59.5% 提升至 2018 年的 78.7% 和 71.4%。[1]

　　從治本上看，關鍵是通過制度創新破除產能過剩或落後產能形成的深層次體制根源，建立市場化、法治化的長效機制。黨的十八屆三中全會明確提出要建立化解產能過剩的長效機制。2015 年中央經濟工作會議要求按照企業主體、政府推動、市場引導、依法處置的辦法研究制定全面配套的政策體系。2016 年和 2017 年政府工作報告連續強調堅持市場倒逼、企業主體的方針，更多運用市場化、法治化手段，嚴控新增產能，實現落後產能的有序退出。2017 年中央經濟工作會議要求繼續推動鋼鐵、煤炭行業化解過剩產能，用市場、法治的辦法做好產能嚴重過剩行業去產能工作。這些都對建立市場化機制化解過剩產能提出了要求、指明了方向。要達到這樣的目標，首先，要深化行政體制改革和政府投融資體制改革，解決地方政府績效考核體系不合理、政府職能越位、行政壟斷等問題。這其中有兩個問題至關重要，一是要改變唯 GDP 導向的業績考核觀，適當降低 GDP 的權重，強調社會福利、環境保護對政府的強約束；二是要積極推進財稅體制改革，一方面要重新構建中央和地方的稅收體系，另一方面還要穩步推進地方財政預算、決算公開，主動接受公眾和新聞媒體對預算執行情況的監督，增強政府預算的全面性、嚴肅性和權威性。同時把國有企業的收入納入預算管理，提高利潤上繳的比例，嚴格控制國有企業負債率，嚴禁國有企業把資金投向生產能力過剩的行業、非主營業務領域。其次，要完善市場體系，更好地發揮市場價格在資源配置中的基礎性作用。要深化要素市場化改革，重點推進土地、重要礦產資源、能源、水資源等要素價格改革，使得要素價格能夠反映要素稀缺程度；要建立和完善生態環保的補償機制，企業生產的環

1　黃漢權：《「八字方針」為供給側結構性改革定向指航》，《經濟日報》2018 年 12 月 28 日。

境成本必須完全內化到企業的生產成本中。最後，完善市場進入與退出機制，形成有利於化解產能過剩的良性動態規制過程。要建立科學嚴格的市場進入壁壘，不斷優化節能減排和生產技術標準，保證標準的嚴肅性，嚴格禁止未達到標準的投資者進入市場；要設計有效的退出機制，結合行業現狀和發展趨勢，確定落後產能標準，建立落後產能退出的財政補貼和獎勵機制，將各個利益相關方因淘汰落後產能造成的損失控制在能夠接受的範圍內，尤其是建立有利於落後產能退出的勞動就業、社會保障機制和金融風險控制機制。

第 六 章

製造業技術創新

技術創新是中國的「阿喀琉斯之踵」。中國製造業發展的瓶頸是技術創新，無論是強化「工業四基」——核心基礎零部件（元器件）、先進基礎原材料、關鍵基礎工藝以及行業共性基礎技術，還是推進製造業全球價值鏈從低端向高端攀升，都有賴於提高技術創新能力。更進一步，只有通過製造業創新效應的發揮，中國經濟才能轉變發展方式，從投資驅動轉向創新驅動，實現動力變革後走向高質量發展。因此，提高創新能力，突破創新瓶頸，不僅是製造業發展的關鍵，更是中國經濟轉向高質量發展的必然要求。

一、「阿喀琉斯之踵」

雖然馬克思總是把技術創新看成推動社會發展的有力槓桿，看成最高意義上的革命力量，認為技術創新在推動社會發展中具有巨大作用，但馬克思沒有給予創新一個嚴格的界定。基於學者們對馬克思的研究，可以認為馬克思將創新定義為現實的人針對新的現實情況，有目的地從事的一種前人未曾從事過的創造性的、複雜性的高級實踐活動，是人的自覺能動性的重要體現。對應物質生產實踐、社會關係實踐與科學實踐這三種人類實踐活動的基本形式，創新主要有技術創新、制度創新、科學創新三種基本形式。通過科學創新可以將科學知識轉化為生產力，引發生產工具變革從而推動生產關係的變革。馬克思認為，技術作為一種滲透性的生產要素，通過提高勞動者的能力、促進資本積

累以及改進勞動資料特別是生產工具，把巨大的自然力和自然科學併入生產過程，使生產過程科學化，進而對提高生產力、促進經濟發展具有巨大的促進作用。[1]

在當代西方經濟學發展中，「創新」一詞最早是由美國經濟學家熊彼特於 1912 年出版的《經濟發展理論》一書中提出的。熊彼特的創新理論所提到的創新是「建立一種新的生產函數」或者是「生產要素的新的組合」，具體表現形式包括開發新產品、使用新的生產方法或者工藝、發現新的市場、發現新的原料或半成品、創建新的組織管理方式等，把「創新」和因「創新」而使經濟過程發生的變化，以及經濟體系對「創新」的反映稱為經濟發展。西方經濟學關於創新問題的理論學派林立，新古典增長理論（外生增長理論）、新增長理論（內生增長理論）、演化經濟理論等從不同視角論述技術進步對經濟增長的意義以及內在機理，構成了龐雜的理論體系。[2]

中華人民共和國成立以來的各個時期的經濟發展實踐表明，科技進步和技術創新工作的發展與中國的經濟增長和健康發展緊密相關。中華人民共和國成立之初，科技水平總體上落後西方發達國家近百年，經濟更是「一窮二白」；1949 年以後，中國共產黨開始號召在國外的中國科學家回國並培育自己的知識分子和工業化人才，1956 年黨中央又向全黨全國發出「向科學進軍」的號召，到 1966 年，中國工業化奠定了初步基礎；1966—1976 年「文化大革命」期間，由於「四人幫」的瘋狂破壞，我國的科技水平與世界先進水平不斷拉大，中國國民經濟一度瀕於崩潰；1978 年 3 月 18 日，黨中央召開全國科學大會，鄧小平同志提出四個現代化關鍵是科學技術的現代化、科學技術是第一生產力、科學技術

1　相關研究可以參閱劉紅玉《馬克思的創新思想研究》，博士學位論文，湖南大學，2011年；龐元正《從創新理論到創新實踐唯物主義》，《中共中央黨校學報》2006 年第 6 期；舒遠招《馬克思的創造概念》，《湖南師範大學社會科學學報》1998 年第 5 期。
2　黃群慧：《論中國特色社會主義創新發展理念》，《光明日報》2017 年 9 月 5 日。

工作者是勞動者等重要論斷，「科學技術是第一生產力」成為指導中國科技創新和經濟發展的核心理念；1995 年 5 月 6 日，中共中央、國務院作出《關於加速科學技術進步的決定》，提出科教興國戰略；進入 21 世紀，黨中央又創造性地提出建設創新型國家的重大決策，而與這一系列對科技創新重視相伴隨的是改革開放幾十年的經濟高速增長。

以習近平同志為核心的黨中央提出的創新、協調、綠色、開放、共享的五大發展理念回答了中國發展的動力、方法論原則及關於發展的一些重大問題。以創新發展理念為指導，落實中國特色社會主義的創新發展理念的總體戰略規劃主要包括《中華人民共和國國民經濟和社會發展第十三個五年（2016—2020 年）規劃綱要》和《國家創新驅動發展戰略綱要》《「十三五」國家科技創新規劃》《中國製造 2025》等。圍繞創新發展戰略，中國已經形成龐大的促進創新的政策體系。當前創新政策的體系涵蓋科研機構、高校、企業、中介機構等各類創新主體，覆蓋了從基礎研究、技術開發、技術轉移到產業化等創新鏈條的各個環節，包括科技政策、財政政策、稅收政策、金融政策、知識產權、產業政策、競爭政策、教育政策等多樣化的政策工具。黨的十八大以來，圍繞創新驅動發展戰略，國家出台了一系列法律和政策，主要包括：《中華人民共和國促進科技成果轉化法》《中共中央國務院關於深化體制機制改革加快實施創新驅動發展戰略的若干意見》《國務院關於大力推進大眾創業萬眾創新若干政策措施的意見》《深化科技體制改革實施方案》《關於國家重大科研基礎設施和大型科研儀器向社會開放的意見》《關於改進加強中央財政科研項目和資金管理的若干意見》《關於深化中央財政科技計劃（專項、基金等）管理改革的方案》《關於深化人才發展體制機制改革的意見》《國務院關於新形勢下加快知識產權強國建設的若干意見》《工業和信息化部關於產業創新能力發展規劃（2016—2020 年）》，等等。這些政策對於實施創新驅動發展戰略、破除體制機制障礙、創新人才培育和使用機制完善產生了很好的效果。

在《國家創新驅動發展戰略綱要》中，中國實施創新驅動戰略、建設創新型國家被規劃為三步：2020 年進入創新型國家行列、2030 年躋身創新型國家前列、2050 年建成世界科技創新強國。[1] 可以從指標上梳理這三個階段的核心要求。

第一階段，到 2020 年進入創新型國家行列，基本建成中國特色國家創新體系，有力支撐全面建成小康社會目標的實現，該階段的核心評價指標包括：（1）創新型經濟格局初步形成。若干重點產業進入全球價值鏈中高端，成長起一批具有國際競爭力的創新型企業和產業集群。科技進步貢獻率提高到 60% 以上，知識密集型服務業增加值佔國內生產總值的 20%。（2）自主創新能力大幅提升。形成面向未來發展、迎接科技革命、促進產業變革的創新佈局，突破制約經濟社會發展和國家安全的一系列重大瓶頸問題，初步扭轉關鍵核心技術長期受制於人的被動局面，在若干戰略必爭領域形成獨特優勢，為國家繁榮發展提供戰略儲備、拓展戰略空間。科學研究與試驗發展（R＆D）經費支出佔國內生產總值比重達到 2.5%。（3）創新體系協同高效。科技與經濟融合更加順暢，創新主體充滿活力，創新鏈條有機銜接，創新治理更加科學，創新效率大幅提高。（4）創新環境更加優化。激勵創新的政策法規更加健全，知識產權保護更加嚴格，形成崇尚創新創業、勇於創新創業、激勵創新創業的價值導向和文化氛圍。

第二階段，到 2030 年躋身創新型國家前列，發展驅動力實現根本轉換，經濟社會發展水平和國際競爭力大幅提升，為建成經濟強國和共同富裕社會奠定堅實基礎。該階段的關鍵評價指標包括：（1）主要產業進入全球價值鏈中高端。不斷創造新技術和新產品、新模式和新業態、新需求和新市場，實現更可持續的發展、更高質量的就業、更高水平的收入、更高品質的生活。（2）總體上扭轉科技創新以跟蹤為主的局面。在

1　《中共中央國務院印發〈國家創新驅動發展戰略綱要〉》，《人民日報》2016 年 5 月 20 日。

若干戰略領域由並行走向領跑，形成引領全球學術發展的中國學派，產出對世界科技發展和人類文明進步有重要影響的原創成果。攻克制約國防科技的主要瓶頸問題。科學研究與試驗發展（R＆D）經費支出佔國內生產總值比重達到 2.8%。（3）國家創新體系更加完備。實現科技與經濟深度融合、相互促進。（4）創新文化氛圍濃厚，法治保障有力，全社會形成創新活力競相迸發、創新源泉不斷湧流的生動局面。

第三個階段，到 2050 年建成世界科技創新強國，成為世界主要科學中心和創新高地，為把中國建設成為富強民主文明和諧美麗的社會主義現代化國家、實現中華民族偉大復興的中國夢提供強大支撐。該階段的評價指標體系包括：（1）科技和人才成為國力強盛最重要的戰略資源，創新成為政策制定和制度安排的核心因素。（2）勞動生產率、社會生產力提高主要依靠科技進步和全面創新，經濟發展質量高、能源資源消耗低、產業核心競爭力強。國防科技達到世界領先水平。（3）擁有一批世界一流的科研機構、研究型大學和創新型企業，湧現出一批重大原創性科學成果和國際頂尖水平的科學大師，成為全球高端人才創新創業的重要聚集地。（4）創新的制度環境、市場環境和文化環境更加優化，尊重知識、崇尚創新、保護產權、包容多元成為全社會的共同理念和價值導向。

2016 年 8 月國務院頒發《「十三五」國家科技創新規劃》，進一步對《國家創新驅動發展戰略綱要》中提出的創新型國家建設目標和評價指標在「十三五」時期應該達到的目標提出了要求，如表 6-1 所示，除規劃了研發投入強度、發明專利數量、論文發表數量等反映科學和技術本身能力發展的指標外，還特別強調了科技進步貢獻率、知識密集型服務業增加值佔 GDP 的比重等反映科技支撐經濟社會發展的指標，還提出了更能反映科技創新質量的指標，典型如通過《專利合作條約》（PCT）途徑提交的專利申請量比 2015 年翻一番等。

表 6-1　《「十三五」國家科技創新規劃》提出的科技創新發展指標

指　　　標	2015 年指標值	2020 年目標值
國家綜合創新能力世界排名（位）	18	15
科技進步貢獻率（%）	55.3	60
研究與試驗發展經費投入強度（%）	2.1	2.5
每萬名就業人員中研發人員（人／年）	48.5	60
高新技術企業營業收入（萬億元）	22.2	34
知識密集型服務業增加值佔 GDP 的比重（%）	15.6	20
規模以上工業企業研發經費支出與主營業務收入之比（%）	0.9	1.1
PCT 專利申請量（萬件）	3.05	翻一番
每萬人口發明專利擁有量（件）	6.3	12
全國技術合同成交金額（億元）	9835	20000
公民具備科學素質的比例（%）	6.2	10

資料來源：《國務院關於印發「十三五」國家科技創新規劃的通知》，中華人民共和國科學技術部網站（http://www.most.gov.cn/mostinfo/xinxifenlei/gjkjgh/201608/t20160810_127174.htm）。

　　在創新發展理念指導、創新發展戰略和規劃引導、創新政策體系保證下，中國的技術創新能力取得了巨大的進步。無論是總體科技創新能力，還是產業創新能力，以及企業和產品創新能力，都在不斷增強，科技創新支撐引領經濟增長、促進產業升級、提高企業活力、改善民生的作用日益突顯。中國逐步掌握了一批關鍵技術，在載人航天、探月工程、載人深潛、超級計算機、百萬千瓦級核電裝備、大型飛機、大型液化天然氣（LNG）船、高速軌道交通、雲計算、部分行業應用軟件等核心領域，集中力量突破了一批關鍵核心技術並進入世界先進行列；推動了高技術船舶、汽車發動機關鍵部件、高精度冷軋板、碳纖維等重點領域技術的研發和產業化；特高壓輸變電設備、百萬噸乙烯成套裝備、風力電機等部分領域裝備產品技術水平已躍居世界前列，第一艘航母交接入列，大型快速高效數控全自動衝壓生產線實現向發達國家批量出

口，28 納米芯片製程工藝進入量產，核心技術掌控能力顯著增強。截止到 2015 年 12 月底，電子信息、裝備製造、輕工、石化、鋼鐵、汽車、紡織、船舶、有色金屬等九大行業發明專利申請總量超過 445 萬件，「十二五」期間九大行業發明專利申請年均增長率達到 26%。[1]

　　但是，我們必須認識到，中國的科技創新能力還不強，技術創新能力與發達國家相比依然存在較大差距，部分關鍵核心技術及裝備主要依賴進口，還需要抓住新一輪科技和產業革命的機遇實現快速提升。正如習近平總書記指出：「雖然我國經濟總量躍居世界第二，但大而不強、臃腫虛胖體弱問題相當突出，主要體現在創新能力不強，這是我國這個經濟大塊頭的『阿喀琉斯之踵』。通過創新引領和驅動發展已經成為我國發展的迫切要求。所以，我反覆強調，抓創新就是抓發展，謀創新就是謀未來。」[2] 之所以說通過創新引領和驅動發展已經成為中國發展的迫切要求，具體而言，至少有以下兩方面的原因：一方面，從國內看，突破經濟發展瓶頸、解決深層次矛盾和問題要依靠創新。改革開放以來，中國經濟的持續高速增長主要得益於抓住全球產業轉移的趨勢，充分發揮了中國勞動力資源豐富的比較優勢。但是近年來隨着人口紅利消退、工資水平上漲，中國基於低成本形成的國際競爭力被削弱。建立在初級生產要素基礎上的舊動能漸趨耗盡，依靠勞動力、資源、土地投入的傳統發展方式已難以為繼。要化解經濟發展中的瓶頸和深層次矛盾，實現經濟增長方式的轉型和經濟社會持續健康發展，根本出路在於不斷推進科技創新，不斷解放和發展社會生產力，不斷提高勞動生產率。另一方面，從國際上看，抓住新工業革命帶來的趕超機遇需要依靠創新。當前，以大數據、雲計算、物聯網、機器人、人工智能、虛擬現實、新材

1　《工業和信息化部關於產業創新能力發展規劃（2016—2020 年）》，國家發展改革委發展規劃司網站（http://ghs.ndrc.gov.cn/ghwb/gjjgh/201706/t20170622_852124.html）。

2　中共中央文獻研究室編：《習近平關於社會主義經濟建設論述摘編》，中央文獻出版社 2017 年版，第 34 頁。

料、生物科技等為代表的新技術蓄勢待發，重大顛覆性技術不斷湧現，將對傳統產業的產品、商業模式和業態產生深刻的影響，並催生出許多新的產業領域。世界主要發達國家紛紛出台新的創新戰略和政策，加強對人才、專利、標準等戰略性資源的爭奪，抓緊佈局新興技術、培育新興產業。新的科技革命和產業變革給後發國家提供了「彎道超車」的機會。對於中國來說，現在科技和經濟實力有了大幅度提升，已經具備抓住新一輪工業革命和產業變革機遇的條件，面對經濟發展水平、技術和產業條件與新工業革命機遇的結合，中國比歷史上任何時期都更接近實現「兩個一百年」和中華民族偉大復興的目標。因此，中國必須通過創新驅動抓住這個千載難逢的歷史機遇。

二、跨越「中等收入陷阱」

上面我們論述了技術創新對經濟增長的意義，本節我們需要聚焦技術創新對製造業轉型升級及效率提升的重要意義。製造業創新與升級是製造業效率提升的動力，而製造業效率提升則是發展中國家跨越「中等收入陷阱」的決定性力量。

一般認為，「中等收入陷阱」是指一國跳出低收入國家行列後，人均收入增長長期停滯而無法向高收入國家收斂的一種穩態。[1]「中等收入陷阱」可以採用兩種方法定義，一是採用絕對人均收入標準，世界銀行將2015 年人均收入處於 1026—12475 美元的國家定義為中等收入國家，如果這些國家長期滯留在此水平，則可認為其落入了「中等收入陷阱」。二是採用相對人均收入標準，即將中等收入經濟體與同期高收入國家（一般是美國）的人均收入比長期維持在一定水平（20%—40%）稱為「中等收入陷阱」。由於後發國家的工業化和經濟發展本質上是對發達國家

1　　蔡昉：《「中等收入陷阱」的理論、經驗與針對性》，《經濟學動態》2013 年第 12 期。

的趕超，因此相對人均收入標準更為科學。

我們曾進行過一項研究[1]，利用格羅寧根增長與發展中心（Groningen Growth and Development Centre，GGDC）數據庫計算了拉美和東亞經濟體與同期美國人均收入（均以 PPP 計算）的比值（見圖 6-1）。結果顯示，從 20 世紀 70 年代到 2010 年，大部分拉美經濟體的相對人均收入長期處於 20%—40%，陷入「中等收入陷阱」中。東亞經濟體的表現則顯著不同。1978 年，亞洲只有日本、中國香港和新加坡等少數經濟體的相對人均收入超過了 40%；中國台灣和韓國的相對人均收入相繼於 1989 年和 1991 年突破了 40% 的上限；馬來西亞和泰國於 20 世紀 80 年代進入了中等收入區間，但在此之後長達約 20 年都沒有突破 40%，面臨陷入「中等收入陷阱」的風險。1978 年，中國的相對人均收入僅為 5.3%，與印度、巴基斯坦等國相當。2007 年，中國相對人均收入超過了 20%，標誌着中國進入了中等收入國家行列。2010 年，中國相對人均收入達到了 26%，其水平相當於 20 世紀 50 年代末的日本，或者 20 世紀 70 年代末的中國台灣、20 世紀 80 年代初的韓國、20 世紀 90 年代初的馬來西亞以及 21 世紀初的泰國。問題是為什麼拉美這些國家會長期陷入「中等收入陷阱」不能自拔？而又是什麼原因使得亞洲「四小龍」等東亞國家走出「中等收入陷阱」，創造「東亞奇蹟」？進入中等收入階段的中國如何才能跨越中等收入階段，步入高收入國家行列？

大量的研究表明，拉美一些經濟體陷入「中等收入陷阱」，與其加快推進城市化、過早去工業化直接相關。由於這些國家在推進激進的經濟改革後開始「去工業化」，製造業所帶來的技術滲透效應、產業關聯效應和外匯儲備效應都沒有得到充分體現，取代製造業的可能是低技能、低生產率、低貿易度類型的服務業，這些服務業無法作為經濟增長

1　黃群慧、黃陽華、賀俊、江飛濤：《步入中高收入階段的中國工業化戰略研究》，《中國社會科學》2017 年第 12 期。

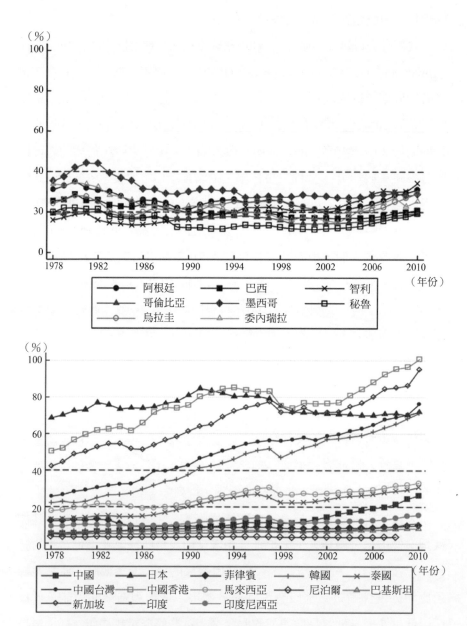

圖 6-1　拉美和亞洲經濟體相對美國的人均收入

資料來源:黃群慧、黃陽華、賀俊、江飛濤:《面向中上等收入階段的中國工業化戰略研究》,《中國社會科學》2017 年第 12 期。

的新引擎來替代製造業的作用，使得這些國家無法通過高速增長實現經濟趕超，從而陷入「中等收入陷阱」。我們的上述研究表明，日韓跨越「中等收入陷阱」的成功經驗，就是在進入中等收入階段後要更為重視科技創新在提升製造業生產效率中的基礎性作用。自 20 世紀 70 年代後，日本抓住經濟穩定發展對科技創新提出了新要求，逐步構建起了國家創新體系，其主要措施包括：對標美國和德國的科技投入水平，加大研發經費支出，重點發展面向未來的戰略性新興技術；提升自主開發技術的能力，從單向技術引進變成推進國際科技協作；強化國立研究機構的技術供給功能，建設筑波科學城；完善技術教育培訓體制，增加技術人員供給；等等。進入 80 年代後，「為推進以基礎研究為中心的富有創造性的研究開發」，日本在研究管理、研究人材（才）、研究開發基礎設施以及科技信息活動等方面開展了系統性工作，實現了技術進步對經濟增長的貢獻達到 40% 以上。這一系列努力使得日本成為「國家創新體系」研究的經典案例。[1] 類似地，20 世紀 70 年代末韓國平均工資年均增長率超過 20%，採用勞動節約型技術成為製造業企業的現實選擇。20 世紀 80 年代後，韓國主要通過加大企業自主研發強度、引進國外先進技術和增加資本品進口等渠道推動產業技術進步，「即便是在投資率停滯的情況下，韓國憑藉技術創新推動了生產效率增長，為經濟增長奠定了基礎」[2]。可見，日本和韓國進入中等收入階段後，面臨着製造業傳統比較優勢弱化的挑戰，並不是選擇「去工業化」，而是持續加強資本深化和產業技術創新促進了製造業的生產效率提升。

　　日韓的經驗表明，中等收入經濟體可通過持續地培育和發展新興產

1　C. Freeman, "Japan: A New National System of Innovation," in G. Dosi, C. Freeman, R. Nelson, G. Silverberg, L. Soete(eds.), *Technical Change and Economic Theory*, London: Pinter Publishers, 1988, pp. 330–348.

2　參見朴永燮《經濟轉型與「中等收入陷阱」：韓國經驗》，《經濟社會體制比較》2013 年第 1 期。

業，延伸產業鏈繼續實現製造業的規模經濟；可通過資本深化和加強產業創新體系建設，持續提升製造業的效率經濟。對中國這樣一個處於中等收入階段、工業體系完備的世界工業大國而言，日本技術密集型產業生產效率快速提升和韓國高中低技術產業全面升級的經驗都具有可取之處。中國進入中等收入階段後，製造業的發展戰略選擇不是「去工業化」，而是如何在新時代的技術經濟條件下，改造和提升製造業的規模經濟和效率經濟，使其再次成為長期經濟增長引擎。

實際上，改革開放以來中國經濟高速增長的過程也是由創新所驅動的全要素生產率不斷增長的過程。我們利用 KLEMS 數據庫計算了中國製造業的累積 TFP 指數 [1]，計算結果顯示，過去 30 多年裏，中國製造業效率提升較為明顯。1981—2010 年，電子及通信設備、電氣設備、化學品及化學製品、機械裝備等技術密集型行業的 TFP 累積指數持續增長，帶動了中國製造業累積 TFP 指數總體保持快速上升的趨勢，從 1981 年的 71.0 增長至 2010 年的 110.0。然而，需要注意的是，以往中國的技術創新主要是相對於自身傳統技術進步的模仿式創新，而隨着中國經濟增長進入中等收入階段，隨着中國技術水平逐漸接近全球技術前沿，模仿式創新的難度越來越大，傳統的發展模式遇到瓶頸，基於自主創新的效率提升的重要性和緊迫性日益突顯。計算 2004—2007 年和 2008—2010 年製造業 TFP 的平均變化發現，進入中等收入階段後，中國製造業累積 TFP 指數平均增速有所下降，從 2004—2007 年的 3.23% 下降為 2008—2010 年的 2.96%，下降了 0.27 個百分點。值得注意的是，18 個主要製造業行業的 TFP 增速也出現了不同程度的下滑。另外一些實證研究結果也表明，2004—2013 年，中國 TFP 年均增長率為 −0.80%；2004—2008 年，TFP 年均增長率為 0.58%；2009—2013 年，TFP 增長率平均

1　黃群慧、黃陽華、賀俊、江飛濤：《步入中高收入階段的中國工業化戰略研究》，《中國社會科學》2017 年第 12 期。

值為－2.17%。[1]

製造業全要素生產率下降的趨勢表明，中國製造業創新驅動發展的動力正在不斷減弱，我們需要找到制約中國製造業技術創新的關鍵體制機制約束，通過新一輪的改革開放，加大推進製造業技術創新的力度，進一步釋放製造業創新驅動發展的潛力和活力。基於創新生態系統理論，一個國家技術創新能力的提升，不僅需要研發資金和人才投入等要素數量的增加，更重要的是創新要素之間、創新要素與系統和環境之間動態關係優化，即整個創新生態系統的改善。因此，完善製造業創新生態對提升中國製造業創新能力、推進製造強國建設具有重要意義。[2]

一是修補製造業創新鏈，提高科技成果轉化率。科技成果轉化率低一直是中國創新能力不強的突出表現，一般工業發達國家的科技成果轉化率可達 30%—40%，而中國僅為 10% 左右。這其中一個關鍵原因是中國創新鏈在基礎研究和產業化之間存在斷裂或者破損。美國構造國家製造創新網絡（NNMI）時，將製造技術基礎研究到商業化生產之間劃分為製造基礎研究、概念驗證研究、實驗室試製、原型製造、生產條件能力培育、生產效率提升六個環節，提出 NNMI 旨在填補實驗室試製、原型製造能力這兩個環節的缺失。對於中國而言，由於受到科研事業單位體制機制約束，科研項目往往是以課題結項而非轉為現實生產力為目標，這個問題更為突出。因此，深化供給側結構性改革，打破科研事業單位體制機制約束，圍繞行業需求整合現有創新載體和資源，構建新型製造業創新平台，開展行業前沿和競爭前共性關鍵技術、先進製造基礎工藝等方面研發和產業化推進等方面工作，彌補技術研發與產業化之間的創新鏈缺失，對於提高科技成果轉化率、強化製造業技術創新基礎能力至關重要。

二是構建製造業創新網絡，提高創新生態系統開放協同性。協同開

1　參見江飛濤、武鵬、李曉萍《中國工業經濟增長動力機制轉換》，《中國工業經濟》2014 年第 5 期。

2　黃群慧：《以供給側結構性改革完善製造業創新生態》，《光明日報》2016 年 4 月 27 日。

放是有效創新生態系統的基本要求，但受體制機制約束，中國各類創新
組織之間，包括政府、企業、高等院校、科研機構以及中介機構和社區
組織，在創新信息分享、科技人才使用以及創新資本流動等方面開放協
同性都遠遠不夠。因此，推進供給側結構性改革時要深化行政、事業和
國有企業的體制機制改革，按照市場化原則，強化政府、企業、科研院
所、高校等各方面創新主體充分互動，促進信息、人才和資金在各類組
織之間有效流動，形成開放合作的創新網絡和形式多樣的創新共同體，
從而有效利用全球各種組織的創新資源，完善創新條件，提升中國製造
業創新能力和國際競爭力。

三是改善中小企業創新的「生態位」，提高中小企業製造創新能力。
國外發達國家的經驗表明，中小企業在製造創新生態系統中具有重要的
地位，不僅是科研成果轉化的主力，而且大多數顛覆性技術創新都是中
小企業實現的。在製造業信息化成為製造業技術創新的主導趨勢下，中
小企業創新作用更為突出。但是，中國的中小企業創新「生態位」的位
勢比較低，無論是創新資金獲取，還是科技成果來源，以及政府的產業
政策傾斜，相比大型企業處於劣勢地位，中小企業在技術創新中的作用
還沒有得到很好的發展。因此，推進供給側結構性改革時要深化行政體
制和科研體制改革，進一步完善「大眾創業、萬眾創新」的環境，從而
為中小企業創新能力提升創造更好的條件。

四是加強各層次工程技術人員培養，提高技術工人的創新能力。在
製造業創新生態系統中，各層次工程技術人員的素質和能力是製造業基
礎工藝創新的決定性要素，世界工業創新強國都十分重視從領軍人才到
一線技術工人各個層次的工程技術人員的培養。對於中國而言，推進供
給側結構性改革時要重點深化教育體制改革，改變「工科院校理科化」
和單純重視精英型的培育引進的教育模式，轉向同時關注工程師、高技
能工人和一般產業工人通用技能提升的政策導向，重點是構建由企業、
大學、技工學校和改革服務機構共同組成的終身學習體系，從而動態地

保持創新生態系統的基礎創新能力。

三、完善製造業創新體系

　　要完善製造業創新生態，完善製造業創新體系是關鍵。《中國製造2025》是中國工業領域第一個將完善製造業創新體系作為重要內容並進行詳細論述的長期規劃。《中國製造2025》提出要完善國家製造業創新體系的內容包括：（1）加強頂層設計，加快建立以創新中心為核心載體、以公共服務平台和工程數據中心為重要支撐的製造業創新網絡，建立市場化的創新方向選擇機制和鼓勵創新的風險分擔、利益共享機制。充分利用現有科技資源，圍繞製造業重大共性需求，採取政府與社會合作、政產學研用產業創新戰略聯盟等新機制新模式，形成一批製造業創新中心（工業技術研究基地），開展關鍵共性重大技術研究和產業化應用示範。（2）建設一批促進製造業協同創新的公共服務平台，規範服務標準，開展技術研發、檢驗檢測、技術評價、技術交易、質量認證、人才培訓等專業化服務，促進科技成果轉化和推廣應用。（3）建設重點領域製造業工程數據中心，為企業提供創新知識和工程數據的開放共享服務。面向製造業關鍵共性技術，建設一批重大科學研究和實驗設施，提高核心企業系統集成能力，促進向價值鏈高端延伸。[1]

　　《中國製造2025》將製造業創新中心（工業技術研究基地）建設工程作為製造業創新體系建設的核心任務，即圍繞重點行業轉型升級和新一代信息技術、智能製造、增材製造、新材料、生物醫藥等領域創新發展的重大共性需求，形成一批製造業創新中心（工業技術研究基地），重點開展行業基礎和共性關鍵技術研發、成果產業化、人才培訓等工

1　有關《中國製造2025》的全文可參閱國家製造強國建設戰略諮詢委員會編著《中國製造2025藍皮書（2016）》，中國工信出版集團、電子工業出版社2016年版。

作，制定完善製造業創新中心遴選、考核、管理的標準和程序。具體目
標包括：到 2020 年，重點形成 15 家左右製造業創新中心（工業技術研
究基地）；到 2025 年形成 40 家左右製造業創新中心（工業技術研究基
地）。2016 年工業和信息化部印發的《關於完善製造業創新體系，推進
製造業創新中心建設的指導意見》進一步明確了製造業創新中心建設的
具體機制——以企業為主體，產學研用相結合，採用企業法人等形式組
建，探索並完善運行機制，形成內生發展動力。2016 年工信部等發佈了
《製造業創新中心工程建設實施指南（2016—2020 年）》，明確製造業創
新中心主要職責：一是加強產業前沿和共性關鍵技術研發，面向制約製
造業發展的技術瓶頸，發揮創新中心在前沿技術和共性關鍵技術供給中
的核心載體作用，重點解決產業發展中產業共性技術供給不足問題；二
是促進技術轉移擴散和首次商業化應用，通過打通技術研發、轉移擴散
和產業化鏈條，形成以市場化機制為核心的成果轉移擴散機制，加快推
進科技成果的轉移擴散和商業化應用；三是加強製造業創新人才隊伍建
設，以製造業創新中心為載體，通過推動校企合作、建立實訓基地、開
展學徒制試點示範等活動，為製造業發展提供多層次創新人才；四是提
供製造業創新的公共服務，瞄準促進製造業創新的各類行業性公共服務
平台建設不足的問題，為企業提供研發試驗、檢驗檢測、測試認證和技
術轉移等公共服務支持企業創新發展；五是積極開展國際交流與合作，
通過項目合作、高水平技術和團隊引進、聯合研發、聯合共建等形式，
促進行業共性技術水平提升和產業發展。[1]

　　2016 年 6 月 30 日，中國首個國家級製造業創新中心「國家動力電
池創新中心」在北京成立。國家動力電池創新中心由國聯汽車動力電池
研究院有限責任公司組建，該機構是由中國汽車工業協會倡導和組織、

1　參見《製造業創新中心工程建設實施指南（2016—2020 年）》，中華人民共和國工
　　業和信息化部網站（http://www.miit.gov.cn/n1146295/n1652858/n1652930/n3757016/
　　c5215611/content.html）。

北京有色金屬研究總院牽頭發起，彙集天津力神、一汽、東風、長安、上汽、北汽、華晨、廣汽等共同組建的產業技術協同創新平台。2017年1月，第二家國家級製造業創新平台「國家增材製造創新中心」由西安增材製造研究院有限公司籌建。接着，第三家國家級製造業創新中心「國家信息光電子創新中心」在武漢成立。2018年5月，國家集成電路、智能傳感器創新中心在上海成立，兩個中心分別由復旦大學和上海微技術工業研究院牽頭建造。

　　在國家推進製造業創新中心建設的同時，各省（自治區、直轄市）圍繞《中國製造2025》製造業創新中心（工業技術研究基地）建設工程，也開始推進省級製造業創新中心建設。一方面，產業基礎和創新實力較為雄厚、產業發展共性技術問題突出的若干省（自治區、直轄市）積極建設最高水平的製造業新型創新載體，力爭使本省（自治區、直轄市）製造業創新中心進入國家級行列。根據《中國製造2025》的計劃，到2020年，重點形成15家左右製造業創新中心（工業技術研究基地），力爭到2025年形成40家左右製造業創新中心（工業技術研究基地）。北京（國家動力電池創新中心）、陝西（國家增材製造創新中心）、湖北（國家信息光電子創新中心）率先取得進展，分別獲批了首家、第二家和第三家國家級製造業創新中心，成為相關產業領域創新的風向標。例如，國家信息光電子創新中心由光迅科技、烽火通信、亨通光電等國內多家企業和研發機構共同參與建設，匯聚了國內信息光電子領域超過60%的創新資源。另一方面，不論本地產業發展水平和創新資源聚集水平如何，多數省（自治區、直轄市）都按照「一案一例一策」方式，出台了製造業創新中心遴選、考核、管理的標準和程序，堅持「成熟一個、推進一個、授牌一個」，根據本地先進製造業發展的共性技術需要推進製造業創新中心建設工作。據不完全統計，如表6-2所示，截至2018年2月底，全國已有20個省（自治區、直轄市）培育或認定了省級製造業創新中心（試點單位）。

表 6-2　全國各省級區域製造業創新中心建設情況（截至 2018 年 2 月底）

省（區、市）	相關行動計劃或配套措施	進展情況
北京	在優勢領域建設一批國家級和市級製造業創新中心（《「中國製造 2025」北京行動綱要》）	2016 年國家動力電池創新中心成立、工業大數據創新中心成立；2017 年石墨烯產業創新中心等 6 個創新中心成立
湖北	2020 年形成一批國家級和省級製造業創新中心。在光電子、數控裝備、新能源汽車、北斗和船舶等領域，將形成 2 個國家級、10 個省級製造業創新中心；到 2025 年，形成 3 個國家級、20 個省級製造業創新中心（《湖北省製造業創新中心建設工程實施方案》）	2016 年首批 3 家省級製造業創新中心（「信息光電子製造業創新中心」「高端數控裝備製造業創新中心」和「海洋工程裝備製造業創新中心」）正式組建授牌；2017 年全國第三家國家級製造業創新中心（國家信息光電子創新中心）落戶武漢
江蘇	到 2020 年，力爭建成 5—8 家省級製造業創新中心，到 2025 年建成 15 家左右，積極創建國家級製造業創新中心（《「中國製造 2025」江蘇行動綱要》）	2016 年培育江蘇省石墨烯創新中心等 12 家省級製造業創新中心
陝西	積極創建增材製造（3D 打印）、鈦合金、分佈式能源裝備等國家級製造業創新中心，建設 20 個省級先進製造業創新中心（《〈中國製造 2025〉陝西實施意見》）	2017 年首批 2 家省級製造業創新中心（陝西省光電子集成製造業創新中心、陝西省低階煤分質利用創新中心）授牌；全國第二家國家級製造業創新中心（國家增材製造創新中心）落戶陝西
吉林	培育以開展產業關鍵共性技術研究和高新技術產業化應用示範為使命的製造業創新中心（《「中國製造 2025」吉林實施綱要》）	2016 年吉林先進醫療器械製造業創新中心成立；2017 年吉林省高性能複合材料製造業創新中心成立
廣東	到 2018 年國家級和省級智能製造試點項目分別達到 15 個和 100 個，3 年內建 3 個國家級製造業創新中心 [《廣東省工業企業創新驅動發展工作方案（2016—2018 年)》]	2016 年發佈《廣東省製造業創新中心建設實施方案》，啟動第一批省級製造業創新中心創建工作；2017 年首家省級製造業創新中心（廣東省印刷及柔性顯示創新中心）成立，啟動第二批省級製造業創新中心創建工作；2018 年啟動第三批省級製造業創新中心創建工作
浙江	加快推進製造業創新中心建設（《浙江製造業創新中心建設工程實施方案》）	2016 年啟動首批省級製造業創新中心培育工作；2017 年，首批 3 家省級製造業創新中心（浙江省石墨烯製造業創新中心、浙江省燃氣渦輪機械製造業創新中心、浙江省智能診療設備製造業創新中心）成立

續表

省 (區、市)	相關行動計劃或配套措施	進展情況
安徽	到 2020 年重點建設 30 個省製造業創新中心，到 2025 年形成 50 個左右省製造業創新中心（《安徽省製造業創新中心建設實施暫行辦法》）	2017 年發佈《安徽省製造業創新中心建設實施暫行辦法》，啟動省級製造業創新中心建設工作。公佈首批省製造業創新中心以及重點培育的省製造業創新中心名單，首批建設 8 家省製造業創新中心，重點培育 3 家省製造業創新中心
江西	力爭在銅冶煉及加工、離子型稀土等領域建設 10 個國際一流的創新中心，在直升機、觸控顯示、節能環保裝備、礦山機械等領域建設 10 個國內領先的創新中心（《江西省人民政府關於貫徹落實〈中國製造 2025〉的實施意見》）	2016 年發佈《關於開展江西省製造業創新中心建設試點工作的通知》；2017 年認定首批省級製造業創新中心
甘肅	到 2020 年，建成 3 個以上省級製造業創新中心，積極培育國家級製造業創新中心；到 2025 年，建成 5 個以上省級製造業創新中心，爭取創建 1 個國家級製造業創新中心（《「中國製造 2025」甘肅行動綱要》）	2016 年發佈《甘肅省製造業創新中心建設實施方案》；2017 年省內首家准培育的創新中心 [聚芳（硫）醚新材料創新中心] 成立
貴州	《關於開展省級製造業創新中心建設試點的意見》	2016 年啟動第一批省級製造業創新中心培育工作；2017 年設立首批省級製造業創新中心（貴州省磷化工副產物綠色化利用創新中心、貴州省先進金屬材料與製造創新中心）
四川	配套實施製造業創新中心建設（《「中國製造 2025」四川行動計劃》）	2017 年啟動省級製造業創新中心創建工作，2018 年認定首批 3 家省級製造業創新中心（四川省工業大數據創新中心、四川省智能製造創新中心、四川省先進軌道交通裝備創新中心）
河南	到 2020 年，建成 15 家左右省級創新中心，爭創 1—2 家國家級創新中心；到 2025 年，建成 25 家左右省級創新中心，並爭創 3—5 家國家級創新中心（《「中國製造 2025」河南行動綱要》）	2017 年確定首批 11 家培育的省級製造業創新中心；2018 年認定首家省級製造業創新中心（河南省智能農機創新中心）

續表

省 (區、市)	相關行動計劃或配套措施	進展情況
河北	到 2020 年，在生物醫藥、固廢資源利用、高端裝備等領域，打造 10 個立足京津冀、服務全國、聚焦行業前沿的省級製造業創新中心；到 2025 年，形成 25 家左右製造業創新中心（《河北省製造業創新中心建設實施方案》）	2017 年發佈《河北省製造業創新中心建設實施方案》，啟動省級製造業創新中心培育工作；2018 年公佈首批 6 家省級製造業創新中心試點單位
上海	到 2025 年，產業創新建設工程取得明顯成效，新增若干具有國際影響力國家級製造業創新中心，成為建設具有全球影響力科技創新中心的重要支撐（《「中國製造 2025」上海行動綱要》）	2017 年上海智能網聯汽車創新中心、上海智能傳感器製造業創新中心成立；2018 年上海集成電路製造業創新中心、上海增材製造製造業創新中心成立
山東	以哈爾濱工程大學為依託，創建國家級船舶工業創新中心（《「中國製造 2025」山東省行動綱要》）；確定省級製造業創新中心建設領域總體佈局（試行）[《關於組織開展山東省製造業創新中心（第一批）建設試點的通知》]	2017 年確定首批 14 個省級製造業創新中心試點單位；2018 年啟動第二批省級製造業創新中心建設試點工作，推進山東省船舶與海洋工程裝備創新中心建設
湖南	力爭形成 1—2 個國家級製造業創新中心，建成 30 個左右區域性和省級製造業創新中心 [《湖南省貫徹〈中國製造 2025〉建設製造強省五年行動計劃 (2016—2020 年)》]	2017 年發佈《湖南省製造業創新中心認定管理暫行辦法》；2018 年認定株洲國創軌道科技有限公司為省內首家製造業創新中心
福建	計劃開展省級製造業創新中心試點工作，探索建設製造業創新中心的有效途徑（《關於開展省級製造業創新中心試點的通知》）	2017 年計劃開展省級製造業創新中心試點；2018 年公佈第一批省級製造業創新中心試點建設名單（共 8 個單位）
內蒙古	推進自治區國家級創新中心建設（《推進自治區國家級創新中心建設》）	2018 年區內首家製造業創新中心（內蒙古稀土功能材料創新中心）成立
寧夏	到 2020 年建成國家級製造業創新中心 1 個以上，支持一批企業技術中心建設成為西北地區重要的工業技術創新中心（《「中國製造 2025」寧夏行動綱要》）	2018 年首批 4 家協同創新中心（寧夏高端控制閥產業技術協同創新中心等）成立

資料來源：根據相關資料與實地調研情況整理。

　　雖然國家製造業創新中心在製造業創新體系中能夠發揮重要功能和作用——開展產業前沿及共性關鍵技術研發、建立產學研協同創新機制、加強知識產權保護運用、促進科技成果商業化應用、強化標準引領和保障作用、服務大眾創業萬眾創新、打造多層次人才隊伍、促進開展國際合作。但是，在中國製造業創新體系中還存在兩方面短板，一是國家實驗室等重要科技基礎設施在製造業創新體系中的作用和互動機制還不健全，二是先進製造業技術的擴散體系還不完善。因此，未來在完善製造業創新體系中應該加強以下三方面建設。[1]

　　一是高水平建設中國工業技術研究院。應該依託海外高層次人才，而不是依託既有的科研院所，全新設立中國工業技術研究院，作為中國製造業共性技術供給的重要機構。同時鼓勵各地根據本地的產業優勢和科技資源基礎多種形式地建設本地區的工業技術研究院，作為本地區製造業共性技術供給的主體。借鑒國際成熟共性技術研究機構的普遍規則，中國工業技術研究院採取「公私合作」的運營模式，運營經費大約 1/3 來自國家財政，1/3 來自各級政府的競爭性採購，1/3 來自市場。在治理機制方面，由技術專家、政府官員、企業家代表和學者共同組成專業委員會作為最高決策機構，研究院最高管理者（主席）採取全球公開招聘的方式，通過專業委員會和管理社會化減少政府的行政干預。同時，又保證研究院的高效運營和專業管理；研究院每年向社會發佈翔實的年度運營報告，用於披露研究院的財務收支和業務活動，形成社會監督的機制。研究院研究人員收入宜以具有競爭力的固定報酬為主，項目收入僅作為研究人員的報酬補充，從而避免研究內容和項目設置的過度商業化；研究院的機構設置按照產業發展需求而不是學科體系設置，研究人員的考評以社會貢獻而不是純粹的學術成果為主，以此保證工研院

1　參見黃群慧、李曉華、賀俊《「十三五」工業轉型升級的方向與政策》，社會科學文獻出版社 2016 年版。

研究成果的應用服務功能。國家可以考慮設立配套的引導資金，引導研究院為技術領先企業、科技型中小企業和落後地區製造業等具有較強社會外部性的領域投入。

二是建立跨學科的、任務導向、長周期研究項目的國家實驗室。與發達工業國家相比，中國的國家（重點）實驗室存在嚴重的定位不準的問題。美國國家實驗室在人事、財務和管理等方面都相對獨立於大學，而中國的國家實驗室則完全依託於大學和院系，這也導致中國大學和院系教授主導的國家實驗室實際上成為學科建設和基礎研究發展的平台，任務導向型、戰略性的前沿技術研究主體在中國的創新體系中「名存實亡」。而且，中國的國家實驗室都是單一學科的，反觀美國和德國的國家實驗室建設，恰恰旨在彌補大學學科交叉不足的問題，因而都是跨學科的、綜合性的研究結構。中國國家實驗室存在的另一個嚴重的問題是，在研究項目設立方面沒有區別於既有的高校和科研院所，因而造成較為嚴重的重複建設。不同於高校和中科院等研究機構的學術型研究，國家實驗室的研究項目應當是任務導向的、應用導向的研究，更重要的，由於研發項目和投資金額巨大，高校和企業無法承擔，國家實驗室的研究成果通常應經過二三十年的積累和轉化才能形成經濟效益，因而應為長周期的研發。

三是依託「母工廠」建設促進先進製造技術創新擴散。無論是生產系統技術自身的技術集成特性，還是德國在推進「工業 4.0」過程中尤其強調在系統應用層面部署的戰略邏輯，都表明，先進製造系統在大量迭代試驗和現場應用過程中對系統層面的持續優化是先進製造技術贏得競爭優勢的關鍵環節。支撐先進製造技術系統優化的載體，應當是一批能夠明確提出先進製造系統技術條件和工藝需求、具備與先進製造技術相適應的現代生產管理方法和勞動技能的現代工廠，也即日本的「母工廠」。以「母工廠」為依託加快先進製造系統應用載體的建設，是擴

散先進製造技術、全面提升先進製造業的重要內容。[1] 20 世紀 80 年代中期，受勞動成本上升和日元升值的影響，很多日本企業開始到國外投資建廠，如何處理國內部門與海外工廠的關係，成為企業戰略決策的重要課題。是將所有職能全盤轉移國外，還是在國外與國內實施「分工」制呢？與美國多數製造業企業將製造和工廠全部轉移至海外的做法不同，更多的日本企業選擇了後者。例如，松下公司對國內工廠的功能進行了調整，在國內新建了生產高附加價值產品的工廠；美蓓亞精密機電公司（Minebea）把國內工廠定位成研究開發基地；還有企業將國內工廠指定為國外工廠的樣板，由該工廠負責向國外提供工廠的設備、工藝、員工培訓以及適應當地的技術開發等。這種將國內工廠作為國外子公司的技術依託、作為國內技術創新的種子基地的做法，被稱為「母工廠」制。總體上看，日本的「母工廠」在其製造業體系中承擔着技術支援、開發試製、維持本國技術地位、滿足本國高端市場需求的功能。「母工廠」是強化中國先進生產製造技術在系統層面不斷優化、改進能力的重要平台和載體，是消除重大基礎科學研究成果和高新產品技術產業化障礙的重要突破口，是提升中國製造業產品質量的重要抓手。借鑒日本經驗，應當出台中國的《母工廠建設計劃》，加快培育中國的「母工廠」，打造中國以「母工廠」為中心的生產體系；以一批「母工廠」建設為載體和抓手，加快人工智能、數字製造、工業機器人等先進製造技術和製造工具的研發和應用，「系統性地」發展先進製造技術和先進製造產業。

1　賀俊、劉湘麗：《日本依託「母工廠」發展先進製造的實踐與啟示》，《中國黨政幹部論壇》2013 年第 10 期。

第 七 章

智 能 製 造

在新工業革命的背景下，智能製造是製造業發展的基本方向。人類社會正在走向智能化社會，而智能製造是人類走向智能社會的基礎。對於中國製造業發展而言，努力把握當前世界範圍內的智能化的大趨勢，積極提高中國製造的智能化水平，不僅是提高製造業國際競爭力的需要，也是通過深化改革加快培育供給側新動能、促進中國經濟發展和現代化進程的必然要求。[1]

一、理解新工業革命

從歷史上看，科學技術發展的一個重要表現形式是「革命」。基於美國哲學家托馬斯·庫恩的觀點，科學革命是一個在時間和空間上有結構的過程，其主要的實質在於用新範式取替舊範式，而範式是指那些公認的科學成就，包括在一段時間裏為實踐共同體所接受的科學概念、規律、理論及工具，等等。[2] 從生產力發展看，生產力的巨大變化更直接來自產業革命或者說工業革命，產業革命是指由於技術革命而引起的新經濟模式取代舊經濟模式的活動和過程，內容涉及人類生產方式和經濟結構的巨大變遷，其本質可以認為是技術─經濟範式的轉變，也就是技術

1　黃群慧：《從新一輪科技革命看培育供給側新動能》，《人民日報》2016 年 5 月 23 日。
2　〔美〕托馬斯·庫恩：《科學革命的結構》，金吾倫、胡新利譯，北京大學出版社 2003 年版。

經濟系統原有基本運行方式的根本變化。

關於在人類歷史上曾經發生過多少次科技和產業革命，迄今為止學術界並未達成共識，大體上有 2—3 次科學革命、3—6 次技術和產業革命等不同分類。2008 年國際金融危機以後，英美一些學者發表了一批文獻，研究總結世界技術變革趨勢、製造業發展和國家競爭力等問題，有關三次工業革命的觀點廣為傳播。在中國，有三篇文獻影響巨大，使得「第三次工業革命」在中國成為一個流行詞。一是 2012 年 1 月 11 日《華盛頓郵報》發表的《為什麼中國開始擔心自己的製造業了》；二是 2012 年 4 月 21 日出版的英國《經濟學人》雜誌專題論述了全球範圍內正在經歷的「第三次工業革命」；三是傑里米·里夫金 2011 年出版的《第三次工業革命》一書在中國翻譯出版發行。[1]雖然對第三次工業革命的內涵理解有不同，但學者和社會都基本認為世界已經在經歷第一次工業革命帶來蒸汽時代、第二次工業革命帶來電力時代後，進入第三次工業革命帶來的信息時代。而德國人則從工業化階段入手將信息時代又細分為基於信息技術的自動化階段和基於物理信息系統（CPS）的智能化階段，於是有所謂的從「工業 1.0」到「工業 4.0」的四次工業革命的分類。依靠世界經濟論壇這個平台，施瓦布提出蒸汽機的發明驅動了第一次工業革命，流水線作業和電力的使用引發了第二次工業革命，半導體、計算機、互聯網的發明和應用催生了第三次工業革命，而在社會和技術指數級進步的推動下第四次工業革命已經開始，其核心是形成通過智能化與信息化驅動的高度靈活、人性化、數字化的產品生產與服務模式。[2]

1　〔美〕傑里米·里夫金：《第三次工業革命：新經濟模式如何改變世界》，張體偉譯，中信出版集團 2015 年版。

2　〔德〕克勞斯·施瓦布：《第四次工業革命——轉型的力量》，李菁譯，中信出版集團 2016 年版。實際上，糾結於幾次工業革命並沒有太多意義，三次工業革命的概念沒有提出幾年，就提出四次工業革命，這也許更多是學者們「沽名」的結果。我們認為，對於以信息化、數字化、智能化為基本特徵的新一輪科技和產業革命，統稱為新工業革命也就足以達意了。

　　無論如何劃分，一般都認可的是，20世紀下半葉以來，世界一直孕育和發展着以信息化和工業化融合為基本特徵的新一輪的科技和產業革命，計算機芯片處理技術、數據存儲技術、網絡通信技術和分析計算技術取得巨大突破，以計算機、互聯網、移動通信和大數據為主要標誌的信息技術、信息產品和信息獲取處理方法得到指數級增長，並在社會經濟中廣泛運用且與實體世界深度融合，由此帶來諸如電子商務、智能製造、工業互聯網等生產生活方式的革命性變革。與此同時，能源技術、材料技術和生物技術等創新也取得程度不同的突破性進展，以信息技術為核心共同構成了新一代高新技術簇，為社會生產力革命性發展奠定了技術基礎。

　　在新一輪科技革命驅動下，整個工業系統將逐步發生內涵豐富、多層次的巨大變革，這種變革就是新工業革命。現在看來，這種變革表現為四個層面：一是以高效能運算、超級寬帶、激光黏結、新材料等為代表的通用技術層面；二是在通用技術基礎之上的以人工智能、數字製造、機器人、3D打印等為代表的製造技術層面；三是以柔性製造系統和可重構的生產系統為代表的各種集成技術系統層面；四是信息物理融合系統層面，而信息物理融合系統正是德國「工業4.0」的目標和核心。與德國「工業4.0」相對應，美國提出的工業互聯網，就是把互聯網和製造業深度融合，形成一個以智能製造為核心，能夠實現個性化定製、智能化生產、網絡化協同、服務化轉型的工業生產體系。因此，新工業革命的本質特徵就是智能化趨勢及其帶來的工業和整個社會的變化。

　　在智能化技術中，人工智能最具有顛覆性和影響力。人工智能也稱機器智能，最初是在1956年美國達特茅斯學院學會上提出的，人工智能已成為一個包括分佈式人工智能與多智能主體系統、人工思維模型、知識系統、知識發現與數據挖掘、遺傳與演化計算、深度學習、人工智能應用等在內的龐雜知識和技術體系。人工智能如果要分類，可以分成弱人工、強人工、超人工，我們目前還處在弱人工智能階段。所謂弱人工

智能，就是只擅長某一方面，比如蘋果手機裏面的人機對話軟件。強人工智能是指技術上可做到和人類智力基本比肩。而超人工智能則是在所有領域都能超過人類智力的智能機器系統。

以智能化為特徵的新工業革命帶動的變革絕不僅僅是產業層面，而是整個社會層面，因此，日本提出所謂「社會 5.0」的「超智慧社會」概念。暢想智能化社會，現在更多是未來學家以及各類學者關注的焦點。2016 年在中國舉行的世界經濟論壇上，施瓦布提出 10 年後新工業革命給社會帶來的 21 個引爆點，在一定程度上對未來智慧社會進行了刻畫：（1）10% 的人穿戴接入互聯網的服飾；（2）90% 的人享受免費的（廣告商贊助的）無限存儲空間；（3）1 萬億傳感器將接入互聯網；（4）美國出現首個機器人藥劑師；（5）10% 的閱讀眼鏡接入互聯網；（6）80%的人在互聯網上擁有了數字身份；（7）首輛 3D 打印汽車投產；（8）政府首次用大數據源取代人口普查；（9）首款植入式手機將商業化；（10）5%的消費品都是 3D 打印而成；（11）90% 的人使用智能手機；（12）90%的人可經常接入互聯網；（13）無人駕駛汽車佔到美國道路行駛車輛的10%；（14）首例 3D 打印肝臟實現移植；（15）30% 的企業審計由人工智能執行；（16）政府首次採用區塊鏈技術收稅；（17）家用電器和設備佔到一半以上的互聯網流量；（18）全球拼車出行、出遊的數量超過私家車；（19）出現首座人口超過 5 萬但沒有紅綠燈的城市；（20）全球 10%的 GDP 以區塊鏈技術進行存儲；（21）第一個人工智能機器將加入公司董事會。[1]

智能化的實現，歸根結底是信息技術的突破和發展。人類的社會活動與信息（數據）的產生、採集、傳輸、分析和利用直接相關，信息或數據是客觀存在的，但以前這些信息或數據獨立性和流動性弱。隨着信

1　〔德〕克勞斯·施瓦布：《第四次工業革命——轉型的力量》，李菁譯，中信出版集團 2016 年版。

息技術的突破發展,雲計算、大數據、互聯網、物聯網、個人電腦、移動終端、可穿戴設備、傳感器及各種形式軟件等「雲網端」信息基礎設施的不斷完備,相對於以前信息(數據)與其他要素緊密結合,現在信息(數據)的可獲得性和獨立流動性日益增強,以前經濟供給要素主要是資本、勞動力、土地、創新等,現在信息可以獨立出來作為新供給要素。信息(數據)不僅逐步成為社會生產活動的獨立投入產出要素,而且還可以藉助信息物理系統(CPS)等大幅度提升邊際效率貢獻,成為社會經濟運行效率和可持續發展的關鍵決定因素,信息(數據)被認為將會成為決定未來現代化水平的最稀缺的要素,而「雲網端」信息基礎設施的重要價值也將更為突顯以數據為核心要素、以「雲網」為基礎設施的新工業革命,促進生產組織和社會分工方式更傾向於社會化、網絡化、平台化、扁平化、小微化,大規模定製生產和個性化定製生產日益成為主流製造範式,不僅適應消費者個性化需求,而且企業組織邊界日益模糊,基於平台的共享經濟和個體創新創業獲得巨大的發展空間,從而促進了經濟的快速發展。從本質上說,新工業革命推動經濟發展是發揮了範圍經濟的作用,範圍經濟成為智能化驅動經濟增長的主要效率源泉。[1]

二、智能製造與新經濟

在新工業革命潮流下,智能製造是工業發展的關鍵和核心。所謂智能製造,直觀地講,就是基於人工智能技術與製造技術集成而形成的滿足優化目標的製造系統或者模式。在智能製造一開始提出時,內容相對狹義,優化目標也相對具體,但隨着新的製造模式不斷出現和信息技術

1　黃群慧:《新經濟的基本特徵與企業管理變革方向》,《遼寧大學學報》(哲學社會科學版) 2016 年第 5 期。

不斷發展，智能製造的內涵已經逐步廣義化。從技術基礎看，已經從單純人工智能發展到包括大數據、物聯網、雲計算等在內的新一代信息技術；從製造過程看，已經從單純的生產加工環節擴展到產品的全生命周期；從製造系統的層次看，已從製造裝備單元擴展到包括車間、企業、供應鏈在內的整個製造生態系統；從優化目標看，從最初在沒有人工干預情況下實現小批量生產，發展到滿足消費者個性化需求、實現優化決策、提高生產靈活性、提高生產效率和資源利用率、提高產品質量、縮短製造周期、體現環境友好等一系列目標。因此，現在的智能製造，已經被廣義地理解為基於大數據、物聯網等新一代信息技術與製造技術的集成，能自主性地動態適應製造環境變化，實現從產品設計製造到回收再利用的全生命周期的高效化、優質化、綠色化、網絡化、個性化等優化目標的製造系統或者模式，具體包括智能產品、智能生產、智能服務和智能回收等廣泛內容。[1]

　　智能製造的實現，關鍵是依靠新一代信息技術系統的技術支持。現在比較公認的智能製造技術基礎是信息—物理系統（CPS），或稱為虛擬—實體系統。通俗地說，這是一個可以將工業實體世界中的機器、物料、工藝、人等通過互聯網與虛擬世界中的各類信息系統有效連接的網絡空間系統，該系統通過對實體世界工業數據的全面深度感知、實時動態傳輸與高級建模分析，實現網絡信息系統和實體空間的深度融合、實時交互、互相耦合、互相更新，從而形成智能決策與控制，最終驅動整個製造業的智能化發展。這個系統在德國「工業 4.0」中被稱為 CPS，而在美國的產業界則被稱為工業互聯網。在美國產業界看來，工業互聯網是互聯網在工業所有領域、工業整個價值鏈中的融合集成應用，是支撐智能製造的關鍵綜合信息基礎設施。有了這個系統就可以實現製造過程自組織、自協調、自決策的自主適應環境變化的智慧特性，進而滿足

1　黃群慧：《以智能製造作為新經濟主攻方向》，《經濟日報》2016 年 10 月 13 日。

高複雜性、高質量、低成本、低消耗、低污染、多品種等以前傳統製造模式認為相互矛盾、不可能同時實現的一系列優化目標。將來人類所希望的製造業，都是具有個性化定製、智能化生產、研發網絡化協同、服務化融合的特徵，這是製造業發展的方向，也就是說，在智能製造驅動下，未來的製造業是能夠滿足高質量、多品種、高效益、綠色、創新要求的製造業。

　　智能製造中的工業機器人是基本的工具設備。工業機器人是集機械、電子、控制、計算機、傳感器、人工智能等多學科先進技術於一體的現代製造業重要的自動化裝備。自 1962 年美國研製出世界上第一台工業機器人以來，機器人技術及其產品已成為柔性製造系統（FMS）、自動化工廠（FA）、計算機集成製造系統（CIMS）的自動化工具。工業機器人已經廣泛應用於汽車及汽車零部件製造業、機械加工行業、電子電氣行業、橡膠及塑料工業、食品工業、物流等諸多領域中，它能提高生產效率，改善勞動條件，具有自適應和感知能力。工業機器人包括三個部分，機械系統部分、控制系統部分和傳感監測系統部分。中國現在在機械系統部分的技術可以與世界同步，但是機器人智能控制技術還比較落後，最大的問題是工業軟件，我們的工業軟件對外依賴程度很高，絕大多數都是依靠進口。

　　經濟學研究表明，一國經濟的國際競爭力和長期穩定增長的關鍵是製造複雜產品的能力，而智能製造是製造業的轉型升級制高點，代表着未來製造業發展的方向和經濟結構高級化的趨勢，決定着一個國家製造複雜產品的能力大小，因此，智能製造已成為當今世界各國技術創新和經濟發展競爭的焦點，從這個意義上看，推進智能製造、建設製造強國，是中國深化供給側結構性改革、大力培育經濟增長新動能、促進經濟增長動能轉換的關鍵。

　　在新工業革命的背景下，新的產業組織形態和商業模式層出不窮，經濟增長的新要素、新動力和新模式不斷湧現，於是所謂「新經濟」浮

出水面。「新經濟」這個詞本身並不新，20 世紀 90 年代末至 21 世紀初，美國出現了一段在信息技術和全球化驅動下呈現高增長、低通脹、低失業率、低財政赤字等特徵的經濟發展時期，被認為是「新經濟」。但 2000 年下半年以後，以互聯網技術和金融主導的「新經濟」泡沫最終破滅。其根本原因是沒有把互聯網這種技術和製造業結合在一起。離開製造業，僅僅停留在科技發明和金融追逐而衍生出來的經濟大多會成為泡沫。如果說在 20 世紀末美國提「新經濟」還為時過早，那麼現在由於信息技術的突飛猛進使得信息技術成本大幅度降低、信息技術已與製造業逐步融合並廣泛地應用改變着社會經濟生活，提「新經濟」便是水到渠成。

現在的「新經濟」，其本質是由於新一輪科技和產業革命帶動新的生產、交換、消費、分配活動，這些活動表現為人類生產方式進步和經濟結構變遷、新經濟模式對舊經濟模式的替代。「新經濟」的經濟增長源泉至少表現在三個方面，一是由於信息（數據）獨立流動性日益增強而逐步成為社會生產活動的獨立、核心的投入產出要素，進而增加了信息邊際效率貢獻；二是以「雲網端」為代表的新的信息基礎設施投資對經濟增長的拉動；三是生產組織和社會分工方式更傾向於社會化、網絡化、平台化、扁平化、小微化，從而適應消費者個性化需求，進一步拓展了範圍經濟作用。在當前中國經濟步入經濟新常態、經濟增長動能亟待轉換的背景下，大力發展「新經濟」既是積極應對新產業革命挑戰的戰略選擇，也是中國通過供給側結構性改革優化資源配置的戰略要求。特別是 2016 年 3 月李克強總理在政府工作報告中明確提出「新經濟」，體現出國家層面上對「新經濟」的高度重視。但目前關於「新經濟」的內涵、本質、測度及其未來發展的政策和方向等很多問題都沒有形成共識，再加之在新一輪科技革命中，顛覆性技術不斷產生，新的業態、新的商業模式層出不窮，因此，「新經濟」還沒有「定型」，這意味着從統計角度看很難測度「新經濟」。雖然一些地方政府稱當地「新經濟」的貢獻在

整個地區經濟中佔比達到 60% 或 70%，但其實很難有統一的統計口徑來測度「新經濟」，可供參考的是國家統計局的一些探索。國家統計局已經出台《新產業新業態新商業模式統計監測制度（試行）》《新產業新業態新商業模式統計分類（2018）》和《新產業新業態新商業模式增加值核算方法》等，基於此制度，國家統計局統計科學研究所構造了經濟發展新動能指數統計指標體系，採用定基指數方法，初步測算了 2015—2017 年中國經濟發展新動能指數。據測算，2015—2017 年中國經濟發展新動能指數分別為 123.5、156.7、210.1，分別比上年增長 23.5%、26.9% 和 34.1%，呈逐年加速之勢。[1]另外，根據《新產業新業態新商業模式統計分類（2018）》和《新產業新業態新商業模式增加值核算方法》，國家統計局核算 2017 年全國「三新」經濟增加值為 129578 億元，相當於 GDP 的比重為 15.7%，比上年提高 0.4 個百分點。按現價計算的增速為 14.1%，比同期 GDP 現價增速高 2.9 個百分點。[2]

「新經濟」下的產業體系是在智能化技術支持下的產業融合發展。傳統發展經濟學認為，伴隨着工業化進程推進，存在一個產業體系中三次產業依次主導的高級化過程，現代產業結構往往表現為現代服務業主導、佔比可以達到 70% 的產業結構。但是，在新一輪科技和產業革命背景下，工業化和信息化深度融合，三次產業邊界日趨模糊，新技術、新產品、新業態、新模式不斷湧現，現代產業體系的內涵正在發生變化，統計意義的三次產業結構數量比例關係越來越難以度量產業體系的現代化程度。隨着信息技術的突破發展，雲計算、大數據、互聯網、物聯網、個人電腦、移動終端、可穿戴設備、傳感器及各種形式軟件等「雲網端」信息基礎設施的不斷完備，信息（數據）逐步成為社會生產活動

1　《2017 年我國經濟發展新動能指數比上年增長 34.1%》，2018 年 11 月 23 日，國家統計局網站（http://www.stats.gov.cn/tjsj/zxfb/201811/t20181123_1635449.html）。

2　《2017 年我國「三新」經濟增加值相當於 GDP 的比重為 15.7》，2018 年 11 月 22 日，國家統計局網站（http://www.stats.gov.cn/tjsj/zxfb/201811/t20181122_1635086.html）。

的獨立投入產出要素，對社會經濟運行效率和可持續發展發揮着關鍵作用，信息（數據）要素就成為產業體系的核心現代要素。產業體系的現代化程度主要表現為信息（數據）作為核心投入對各傳統產業的改造程度以及新興產業的發展程度，從度量的經濟指標看，則主要表現為由於信息（數據）要素投入而導致的產業邊際效率改善和勞動生產率提升程度。隨着信息（數據）作為核心要素的不斷投入，在計算機、互聯網和物聯網（或者說是物理信息系統）技術的支持下，現代產業體系正沿着數字化、網絡化、智能化的融合發展主線不斷演進，現代產業體系的最終方向是智能化和融合化，並進一步支持了整個社會向智能化方向轉型。[1]

　　要構建以智能化為方向的現代產業新體系，必須首先從戰略方向上明確哪個產業是先導產業，進而在先導產業帶動下，推進整個產業體系的現代化。雖然中國得益於規模超大、需求多樣的國內市場，近年來電子商務率先取得跨越式發展，但是，現代產業體系的先導產業不是電子商務，而是智能製造。一方面，伴隨着芯片技術的突破發展、互聯網設施的發展完善、傳感器價廉量大的供給、先進製造技術不斷創新，智能製造產業作為新一輪科技和產業革命的先導正在迅速發展，成為現代產業體系中發展潛力巨大的行業；另一方面，製造業可以為其他產業提供通用技術手段，製造業不僅是技術創新的需求方，也是技術創新的供給方，現代產業體系的創新發展主要驅動力來自製造業發展。智能製造的發展可以進一步支持和帶動智慧農業、智慧城市、智能交通、智能電網、智能物流和智能家居等各個領域的智能化發展，滿足生產者和消費者的智能化、個性化需求。而且，沒有智能製造的發展支撐，新業態、新商業模式也將成為空中樓閣。正因為如此，無論是德國「工業 4.0」，還是美國提出的先進製造業國家戰略計

1　黃群慧：《以智能製造為先導構造現代產業新體系》，《光明日報》2016 年 6 月 8 日。

劃，都是把智能製造作為主攻方向。對於中國而言，智能製造也是《中國製造 2025》的主攻方向、中國製造強國建設的關鍵。未來的製造強國一定是一個智能製造強國。

三、中國智能製造的發展

近些年，隨着新型工業化戰略的推進、中國新一代信息技術和製造業的深度融合，中國智能製造也取得了長足的發展，以高檔數控機牀、工業機器人、智能儀器儀錶為代表的關鍵技術裝備取得積極進展，離散型行業製造裝備的數字化、網絡化、智能化步伐加快，流程型行業過程控制和製造執行系統全面普及，關鍵工藝流程數控化率大大提高。但是，智能製造面臨關鍵共性技術和核心裝備受制於人的困境，智能製造標準／軟件／網絡／信息安全基礎薄弱，企業所需工業軟件 90% 以上依賴進口，企業資源計劃（ERP）、產品生命周期管理（PLM）、製造企業生產過程管理系統（MES）、三維設計、虛擬仿真、控制系統、操作系統、數據庫等軟件都以國外供應為主。高檔和特種傳感器、智能儀器儀錶、自動控制系統、高檔數控系統、機器人市場份額不到 5%。[1] 與國外相比，中國智能製造新模式成熟度低，系統整體解決方案供給能力差，智能製造領域人才匱乏。基於這種智能製造的發展現狀，從中國製造強國建設、新經濟發展和新舊動能轉換角度看，未來中國發展智能製造應注意以下着力點。

一是構建順應智能化趨勢的產業融合發展新體系。在新一輪科技和產業革命的背景下，智能製造的發展能加快信息技術對傳統產業的改造，進一步推動製造業與服務業的融合，三次產業融合發展逐步實現轉

1　國家製造強國建設戰略諮詢委員會編著：《中國製造 2025 藍皮書（2017）》，中國工信出版集團、電子工業出版社 2017 年版，第 265 頁。

型升級，促進了具有更高生產率的現代產業體系的形成。為此，要深化體制機制改革，調整產業發展的指導思想，由強調增長導向的規模比例關係向強調效率導向的產業融合和產業質量能力提升轉變。要打破政府主管部門界限，突破只站在本部門角度思考產業發展的思維定式，鼓勵生產要素和資源跨部門流動，以智能製造發展和打造智能製造體系為先導，促進農業向智慧農業轉型、向服務業延伸，以服務智慧城市建設和智能製造發展為目標推動服務業尤其是生產性服務業大發展，培育城鄉第一、二、三產業融合的新業態。

二是探索符合中國國情的智能製造發展新戰略。中國已經步入工業化後期，中國綜合國力已居世界前列，形成了世界上最完備的現代工業體系和龐大的製造基礎，成為全球製造業第一大國。但是，中國製造業大而不強，相對於世界主要工業發達國家而言，中國的製造業智能化發展還相對落後。總體上中國製造業處於機械化、電氣化、自動化和信息化並存的階段，不同地區、不同行業和不同企業的智能化發展水平差異較大。中國智能製造發展還面臨許多突出問題，主要有感知、控制、決策和執行等核心環節的關鍵技術設備還受制於人，智能製造的標準、軟件、網絡和信息安全的基礎還十分薄弱，各類智能製造管理模式還亟待培育推廣，智能化集成應用領域非常有限，等等。因此，中國需要探索自己的智能製造發展戰略，這個戰略既要符合自己的製造業國情，又要充分考慮到國際競爭環境和智能製造發展趨勢。

三是構建科學的政策機制，落實「製造強國戰略」和「互聯網＋」戰略。面對新一輪科技和工業革命，中國已經制定了「製造強國戰略」和「互聯網＋」戰略，規劃了中國製造的「五大工程」「十大領域」和「互聯網＋」的「11 項行動計劃」，當前應該構建科學的政策機制並積極貫徹落實。在實施中要注意正確處理產業政策和競爭政策的關係，切實把握好產業政策實施力度，既要發揮好產業政策的扶持、引導和推動作用，又要避免落入政府大包大攬、急功近利的強選擇性產業政策窠臼。

在推進方向上，既要重視智能製造、綠色製造、高端製造等新技術新產業以及各種新商業模式本身的發展，還要重視新技術、新業態和新模式在傳統產業上的應用推廣。

四是加強制度創新和人力資本培育，加大「雲網端」基礎設施投資。面對新一輪科技和產業革命日新月異的發展，無論是思想觀念還是人才結構，無論是管理制度還是基礎設施，中國都存在全面不適應的問題。一方面，要深化教育、科技和行政管理體制改革，提倡「工匠精神」，完善人才激勵制度，優化人才結構，大力實施知識產權和標準戰略，強化無形資產保護，提升中國順應新一輪科技和工業革命、培育經濟增長新動能的「軟實力」；另一方面，加快推進大數據、雲技術、超級寬帶、能源互聯網、智能電網、工業互聯網等各種信息基礎設施的投資，彌補中國智能基礎設施發展的「短板」，提升中國順應新一輪科技和工業革命、培育經濟增長新動能的「硬實力」。

五是強化創新驅動。智能製造水平是一國製造能力的核心體現，是衡量製造強國建設進展的一個重要指標。而決定智能製造水平的關鍵是製造業的創新能力。在智能製造領域，當前中國製造業創新能力與世界工業強國差距還很大，一些工業互聯網領域的核心技術，包括工業無線技術、標準及其產業化，關鍵數據技術和安全技術等，都還有待突破，工業互聯網核心軟硬件支持能力都還不夠。中國總體製造業技術水平還處於由電氣化向數字化邁進的階段，而智能製造引領的是由數字化向智能化發展。按照德國「工業4.0」的劃分，如果說發達工業國智能製造推進的是由「工業3.0」向「工業4.0」的發展，那中國智能製造需要的是「工業2.0」「3.0」和「4.0」的同步推進。這一方面要求結合中國國情推進智能製造，另一方面也要求我們更加強化創新驅動，實現創新能力的趕超。

基於對中國智能製造的發展現狀和未來需求的分析判斷，2016年12月8日，國家工業和信息化部、財政部頒佈了《智能製造發展規劃

（2016—2020 年）》，提出了 2025 年前推進智能製造發展實施「兩步走」戰略：第一步，到 2020 年，智能製造發展基礎和支撐能力明顯增強，傳統製造業重點領域基本實現數字化製造，有條件、有基礎的重點產業智能轉型取得明顯進展，其具體目標如表 7-1 所示。第二步，到 2025 年，智能製造支撐體系基本建立，重點產業初步實現智能轉型。規劃提出了十個重點任務：一是加快智能製造裝備發展，攻克關鍵技術裝備，提高質量和可靠性，推進在重點領域的集成應用；二是加強關鍵共性技術創新，突破一批關鍵共性技術，佈局和積累一批核心知識產權；三是建設智能製造標準體系，開展標準研究與實驗驗證，加快標準制修訂和推廣應用；四是構築工業互聯網基礎，研發新型工業網絡設備與系統、信息安全軟硬件產品，構建試驗驗證平台，建立健全風險評估、檢查和信息共享機制；五是加大智能製造試點示範推廣力度，開展智能製造新模式試點示範，遴選智能製造標杆企業，不斷總結經驗和模式，在相關行業移植、推廣；六是推動重點領域智能轉型，在《中國製造 2025》十大重點領域試點建設數字化車間／智能工廠，在傳統製造業推廣應用數字化技術、系統集成技術、智能製造裝備；七是促進中小企業智能化改造，引導中小企業推進自動化改造，建設雲製造平台和服務平台；八是培育智能製造生態體系，加快培育一批系統解決方案供應商，大力發展龍頭企業集團，做優做強一批「專精特」配套企業；九是推進區域智能製造協同發展，推進智能製造裝備產業集群建設，加強基於互聯網的區域間智能製造資源協同；十是打造智能製造人才隊伍，健全人才培養計劃，加強智能製造人才培訓，建設智能製造實訓基地，構建多層次的人才隊伍。[1]

---

1 《智能製造發展規劃（2016—2020 年）》，中華人民共和國工業和信息化部網站（http://www.miit.gov.cn/n1146295/n1652858/n1652930/n3757018/c5406111/content.html）。

表 7-1　2020 年中國智能製造發展目標

項目	目標要求	具體指標
1	智能製造技術與裝備實現突破	研發一批智能製造關鍵技術設備，具備較強的競爭力，國內市場滿足率超過 50%。突破一批智能製造關鍵共性技術。核心支撐軟件國內市場滿足率超過 30%
2	發展基礎明顯增強	智能製造標準體系基本完善，制（修）訂智能製造標準 200 項以上，面向製造業的工業互聯網及信息安全保障系統初步建立
3	智能製造生態體系初步形成	培育 40 個以上主營業務收入超過 10 億元、具有較強競爭力的系統解決方案供應商，智能製造人才隊伍基本建立
4	重點領域發展成效顯著	製造業重點領域企業數字化研發設計工具普及率超過 70%，關鍵工序數控化率超過 50%，數字化車間／智能工廠普及率超過 20%，運營成本、產品研製周期和產品不良品率大幅度降低

資料來源：《智能製造發展規劃（2016—2020 年）》，中華人民共和國工業和信息化部網站（http://www.miit.gov.cn/n1146295/n1652858/n1652930/n3757018/c5406111/content.html）。

在國家強國戰略和國家智能製造規劃的指引下，各地方也都在努力深化製造業與互聯網融合發展，大力推進智能製造項目建設，支持企業智能化升級改造。截止到 2018 年 8 月，北京、天津、上海、廣東、湖南、浙江、江蘇等 24 個省（自治區、直轄市）陸續制定出台了智能製造相關的專門政策文件，從製造業企業智能化改造和智能製造平台建設兩條主線入手，着力推動本地製造業智能化發展。

一方面，各省（自治區、直轄市）在政策措施中明確設定了大量企業智能化改造的定量目標，促進企業內部數字化研發設計工具普及率、關鍵工序數控化率、信息技術綜合集成應用率、智能工廠／數字化車間普及率、重點行業機器人密度、機器換工情況、能源利用率、產品不良品率等關鍵指標提升。例如，根據《江蘇省「十三五」智能製造發展規劃》，江蘇省計劃到「十三五」末建成 1000 個智能車間；截至 2017 年 6 月，江蘇省已經建成 388 個示範智能車間，這些車間的能源利用率、產品不良品率、產品溢價都有了明顯改善。作為 2015 年江蘇省首批示範智能車間之一，無錫長江精密紡織有限公司（無錫一棉）的高檔緊密

紡精梳棉紗揚子江車間中有 9 萬多個傳感器，使車間形成智能化生產線網絡，實時監控生產狀態、產品質量和機組用電信息，企業萬錠用工是國內棉紡業平均水平的 1/5，同類產品售價高於市場價格 10% 以上。又如，浙江省出台《浙江省智能製造行動計劃（2018—2020 年）》《浙江省智能製造評價辦法》《浙江省全面改造提升傳統製造業行動計劃（2017—2020 年）》等政策，提出到 2020 年實施省級以上智能製造新模式應用試點示範重點項目 100 個以上，培育省級智能製造標杆企業 30 家；重點骨幹製造業企業資源計劃（ERP）普及率達到 90%、製造執行系統（MES）普及率達到 60%、供應鏈管理（SCM）普及率達到 80%、產品全生命周期管理系統（PLM）普及率達到 70% 等。

另一方面，各省（自治區、直轄市）從產業鏈和公共服務整體發展的角度出發，大力建設智能製造服務平台，打造智能製造生態。例如，《江蘇省「十三五」智能製造發展規劃》提出應加快發展智能製造公共服務平台。統籌建設一批共性技術研究、知識產權、大數據、工業雲信息等專業智能製造公共服務平台，為企業提供智能製造技術開發、數據交換、檢驗檢測、智能化改造諮詢及實施等服務。2017 年 4 月 13 日，中國電子技術標準化研究院和江蘇風雲科技服務有限公司合作打造的蘇州市智能製造公共服務平台正式上線，旨在通過搭建網頁和微信雙平台，為有待轉型升級的製造業企業提供智能製造診斷服務、智能製造評級服務、專業解決方案對接服務等；同時引薦智能製造優秀服務商，對有需求的企業提供統一的專業化服務，形成區域智能製造產業鏈的良性循環。又如，北京市出台《推進兩化融合促進經濟發展的實施意見》《北京市大數據和雲計算發展行動計劃（2016—2020 年）》，提出推進大數據在新能源智能汽車、集成電路、智能製造、通用航空與衛星等領域的應用，建設工業智能製造雲服務平台，提供研發設計、生產、經營等全流程雲服務。還如，在上海市出台的《關於上海加快發展智能製造助推全球科技創新中心建設的實施意見》中提出：到 2020 年，該市智能製造體

系在全國率先成形，初步形成適合智能製造發展的推廣應用體系、高端
產業體系、平台服務體系、標準支撐體系和人才服務體系，建設形成一
批標誌性智能製造示範工廠，培育扶持一批具有很強市場競爭力的系統
集成、裝備研製、軟件開發與智能製造新模式應用等領域的骨幹企業，
爭創一批國家級智能製造公共服務平台，有效提高生產效率和能源利用
率，降低運營成本、產品研製周期和產品不良品率。

第 八 章

綠 色 製 造

在當今世界，綠色可持續發展的理念已經深入人心。傳統工業化進程推進給人類社會帶來巨大現代化福祉的同時，也產生了嚴重的資源和環境問題。傳統工業化產生的問題，還必須通過深化工業化進程來解決，而發展綠色製造正是其中的關鍵。推進綠色製造已成為當今時代製造業發展的主流和方向。對於中國而言，推進綠色製造發展的意義十分重大，這不僅僅表現為貫徹綠色發展理念、落實「十三五」規劃、《中國製造 2025》等國家重大戰略，還是中國走新型工業化道路的必然要求，也是中國積極探索包容可持續工業化的重要體現。

一、包容的可持續工業化

1972 年，羅馬俱樂部發表的第一份研究報告《增長的極限》，首次悲觀預言因自然資源供給有限，經濟增長不可能無限持續下去，從而引起世人對環境、資源等全球系統性問題的關注，也引起人類社會對傳統工業化道路的反思。21 世紀後，羅馬俱樂部更加強調氣候變化和全球變暖問題。2018 年 10 月 8 日，2018 年度諾貝爾經濟學獎被授予了威廉·諾德豪斯（William D. Nordhaus）和保羅·羅默（Paul M. Romer），分別表彰威廉·諾德豪斯將氣候因素納入傳統的經濟增長模型中，分析了碳排放對氣候變暖的影響；表彰保羅·羅默將知識引入經濟增長模型，開拓了內生增長理論並對長期經濟增長的動力給出了「內生化」的解釋。雖然從表面上看這兩位獲獎者的研究領域似乎並不

相關，但二者都是圍繞經濟增長問題的——分別是經濟增長的自然約束與內生動力——這似乎從一定角度提醒人們不僅僅要關注經濟增長的動力問題，還要關注經濟增長的約束[1]，也就是經濟增長的可持續問題，這個問題從工業化視角而言，就是人類社會需要關注環境和資源約束、關注可持續的工業化。

世界工業化進程表明，工業化是現代社會變遷的動力，發達國家的工業化道路主要是關注經濟增長目標的傳統工業化道路。人類已認識到，工業化戰略不能只考慮通過技術創新促進經濟增長的效率目標，還需要關注更多的社會公平目標和可持續發展目標。正是在這種背景下，聯合國在《變革我們的世界：2030 年可持續發展議程》中，將促進包容和可持續性的工業發展作為第九項目標提出。2015 年聯合國工業發展組織發佈《2016 年工業發展報告：技術和創新對包容與可持續工業發展的作用》，該報告指出，包容與可持續工業發展包括三個要素。第一個要素是長期、可持續的工業化，這是推動經濟發展的動力；第二個要素是具有社會包容性的工業發展和社會，其提供平等就業機會和利益公平分配；第三個要素是環境可持續性，其使工業活動所帶來的繁榮與自然資源過度使用和負面環境影響脫鈎。[2]

實際上，傳統的工業化道路是較少考慮社會包容性和環境可持續性這兩個要素的，這兩個要素往往被認為是影響工業化速度的約束條件，而要真正實現成功的工業化戰略，是需要在保持經濟增長、促進社會包容性和努力實現綠色經濟轉型中面臨許多利弊權衡，這也正是工業化戰略和政策的關鍵點所在。包容的可持續工業化戰略與傳統的工業化戰略的驅動力同樣是創新驅動的科技革命和產業變革，但兩者的關鍵區別在於需要權衡選擇什麼樣的技術創新在滿足社會包容和環

1　陳永偉：《經濟增長：從何而來、終於何方》，《經濟觀察報》2018 年 10 月 15 日。
2　黃群慧、郭朝先等：《可持續工業化與創新驅動》，社會科學文獻出版社 2017 年版，第 9—11 頁。

境可持續性的前提下推進經濟增長和工業化進程。從環境可持續性角度看，清潔能源技術、綠色製造技術等環境友好型技術的應用和推廣無疑是技術創新的主要方向，這些技術創新可以體現為具體生產工藝變化和產業結構變化兩個方面，前者一般是企業生產過程中的技術創新，而後者則是國家層面通過推進高技術與低技術的替代而實現的。當然，這種技術替代和工藝創新的採用，面臨高昂成本的制約。這些都需要從戰略和政策層面考慮如何推進實施包容的可持續工業化（如圖 8-1 所示），可以更為全面地理解通過創新驅動的包容可持續工業化進程的關鍵內涵。

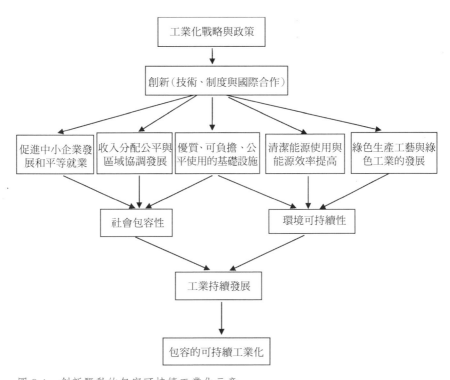

圖 8-1　創新驅動的包容可持續工業化示意

資料來源：黃群慧、郭朝先等：《可持續工業化與創新驅動》，社會科學文獻出版社 2017 年版，第 11 頁。

　　圖 8-1 要表明的是，一個國家的工業化戰略和政策，核心是通過技術創新、制度創新及國際合作，實現創新驅動的滿足社會包容性和環境可持續性要求的工業發展和經濟增長，具體包括促進中小企業發展與擴大平等就業、區域協調發展、收入增加與社會收入分配公平，發展優質的、人人負擔得起並公平使用的基礎設施，綠色生產工藝廣泛採用、綠色工業迅速發展，清潔能源廣泛使用、能源效率大幅提升等各方面的內涵。這裏需要進一步強調兩點，一是包容的可持續工業化的實現一定是工業的可持續發展，而不是「去工業化」，沒有工業的發展，也就沒有現代化。社會包容性和環境可持續性一定要通過創新推進工業可持續增長來實現，沒有工業尤其是製造業的高水平發展，技術創新能力都會被削弱甚至根本談不上技術創新。二是包容的可持續工業化的實現，一定要基於本國的國情，脫離本國國情而制定的工業化戰略和政策恰恰是不可持續的。各國需要基於自己的物質和人力資源稟賦，以及本國經濟發展階段和社會狀況，權衡各類利弊，進行相應的技術創新和制度創新，選擇正確的技術組合，才能實現包容的可持續工業化。

　　對於中國而言，自黨的十六大提出新型工業化道路以來，中國一直在努力探索走出一條與傳統工業化道路不同的新型工業化道路。所謂新型工業化道路，是指以「堅持以信息化帶動工業化，以工業化促進信息化，走出一條科技含量高、經濟效益好、資源消耗低、環境污染少、人力資源優勢得到充分發揮的新型工業化路子」為核心內容的工業化戰略。黨的十八大提出新型工業化、城鎮化、信息化和農業現代化「四化同步」，進一步明確了中國工業化的方向，強調了工業化與城鎮化、信息化和農業現代化的協調發展。而「十三五」規劃提出的創新發展、協調發展、綠色發展、開放發展、共享發展五大發展理念，更是指導中國工業化的基本原則，成為中國未來深化包容的可持續工業化的根本保證。中國「十三五」規劃提出的經濟社會發展主要目標是：在提高發展

平衡性、包容性、可持續性的基礎上，到 2020 年國內生產總值和城鄉居民人均收入比 2010 年翻一番，將「綠色發展」作為一大發展理念提出並在全文中一以貫之，不僅提出加快建設製造強國，實施《中國製造 2025》，而且還具體要求「支持綠色清潔生產，推進傳統製造業綠色改造，推動建立綠色低碳循環發展產業體系」。因此，推進綠色製造，已經成為中國實施「十三五」規劃、推進新型工業化戰略的重大任務和核心要求，也是包容可持續工業化的必要技術支撐要求。

二、中國綠色製造工程

一般認為，綠色製造是在保證產品功能和質量的前提下、綜合考慮環境影響和資源效率的製造模式和過程。綠色製造通過開展技術創新及系統優化，將綠色設計、綠色技術和工藝、綠色生產、綠色管理、綠色供應鏈、綠色就業貫穿於產品全生命周期中，實現環境影響最小、資源能源利用率最高，獲得經濟效益、生態效益和社會效益協調優化。綠色製造的實現需要一個體系，包括開發綠色產品、建設綠色工廠、發展綠色園區、打造綠色供應鏈，以及優化綠色企業、強化綠色監管和完善標準體系等內容，這就是綠色製造體系。

基於《中國製造 2025》，中國要全面推行綠色製造工程，主要包括三方面的內容：一是加快製造業綠色改造升級，具體針對鋼鐵、化工等傳統重化工高污染高耗能行業進行生產過程清潔化改造，通過發展綠色工藝、技術和裝備來減少有毒有害污染物排放。而對於電子信息、新能源、新材料、高端裝備和生物醫藥等新興高技術產業要自始至終確立實現綠色低碳化發展。二是推進資源高效循環利用，大力發展資源再利用產業和再製造產業，降低製造企業對能源、物質和水源消耗水平，減少傳統化石能源消費，推動綠色低碳能源消費。三是積極構建以開放綠色產品、建設綠色工廠、發展綠色園區、打造綠色供應鏈為核心內容的綠

色製造體系,強化綠色監管。

　　構建綠色製造體系是推進綠色製造的核心,《中國製造 2025》提出綠色製造工程中第一階段的發展目標是到 2020 年建成千家綠色示範工廠和百家綠色示範園區,部分重化工行業能源資源消耗水平顯著降低,重點行業主要污染物排放強度下降 20%。推進綠色製造工程第二階段的發展目標是,到 2025 年時,基本建立起綠色製造體系,製造業綠色發展水平達到世界先進水平。[1]

　　2016 年 6 月,工業和信息化部進一步印發《工業綠色發展規劃(2016—2020 年)》,2016 年 9 月《綠色製造工程實施指南(2016—2020 年)》正式發佈,進一步明確了「十三五」期間製造業綠色發展的主要任務和目標,提出到 2020 年中國綠色製造水平明顯提升,綠色製造體系初步建立,企業和各級政府的綠色發展理念顯著增強,節能環保產業大幅增長,初步形成經濟增長新引擎和國民經濟新支柱。綠色製造能力穩步提高,一大批綠色製造關鍵共性技術實現產業化應用,形成一批具有核心競爭力的骨幹企業,初步建成較為完善的綠色製造相關評價標準體系和認證機制,創建百家綠色工業園區、千家綠色示範工廠,推廣萬種綠色產品,綠色製造市場化推進機制基本形成,製造業發展對資源環境的影響初步緩解。[2]具體而言,綠色製造工程包括的重點任務如表8-1 所示,相應的重要相關指標要求如表 8-2 所示。

1　《國務院關於印發〈中國製造 2025〉的通知》(國發〔2015〕28 號),中華人民共和國中央人民政府網站(http://www.gov.cn/zhengce/content/2015-05/19/content_9784.htm)。

2　《綠色製造工程實施指南(2016—2020 年)》,2016 年 9 月 14 日,中華人民共和國工業和信息化部網站(http://www.miit.gov.cn/n1146285/n1146352/n3054355/n3057542/n5920352/c5253469/content.html)。

表 8-1　2016—2020 年中國推進綠色製造工程建設重點任務

總體方面	重點任務	基本要求	項目與目標
傳統產業綠色化改造	實施生產過程清潔化改造	以源頭削減污染物產生為切入點，革新傳統生產工藝裝備，鼓勵企業採用先進適用清潔生產工藝技術實施升級改造	重點區域清潔生產專項、重點流域清潔生產專項、重金屬污染物削減專項、淘汰落後專項
	實施能源利用高效低碳化改造	加快應用先進節能低碳技術裝備，提升能源利用效率，擴大新能源應用比例	高耗能設備系統節能改造專項、流程工業系統改造專項、餘熱餘壓高效回收專項、低碳化改造專項
	實施水資源利用高效化改造	以控制工業用水總量、提高用水效率、保護水環境為目標，採用水系統平衡優化整體解決方案等節水技術，對化工、鋼鐵、造紙、印染、食品、醫藥等高耗水行業實施改造	化工節水專項、鋼鐵節水專項、造紙節水專項、印染節水專項、食品藥品節水專項
	實施基礎製造工藝綠色化改造	加快應用清潔鑄造、鍛壓、焊接、表面處理、切削等加工工藝，推動傳統基礎製造工藝綠色化、智能化發展，建設一批基礎製造工藝綠色化示範工程	鑄鍛焊切削製造工藝改造專項、熱表處理清潔化專項
資源循環利用	強化工業資源綜合利用	重點針對冶煉渣及塵泥、化工廢渣、尾礦、煤電固廢等難利用工業固體廢物，擴大資源綜合利用，以再生資源規範企業為依託，推動再生資源產業集聚發展，實現再生資源產業集約化、專業化、規模化發展	大宗工業固體廢物綜合利用專項、再生資源產業專項
	推進產業綠色協同鏈接	推行循環生產方式，促進企業、園區、行業間鏈接共生、原料互供、資源共享，拓展不同產業固廢協同、能源轉換、廢棄物再資源化等功能，創新工業行業間及與社會間的生態鏈接模式。結合區域資源環境特點，促進工業資源綜合利用產業區域間協調發展	產業綠色融合專項、資源綜合利用區域協同專項
	培育再製造產業	積極推廣應用再製造表面工程、增材製造、疲勞檢測與剩餘壽命評估等技術工藝，建立再製造逆向智能物流體系，完善再製造產品認定制度	高端智能再製造專項、在役再製造專項

續表

總體方面	重點任務	基本要求	項目與目標
綠色製造技術創新及產業化	突破節能關鍵技術裝備	圍繞制約節能產業發展的重大關鍵技術和裝備，在節煤、節電、餘能回收利用、高效儲能、智能控制等領域加大研發和示範力度，培育一批有核心競爭力的骨幹企業	到 2020 年節能和環保產業產值分別達到 1.7 萬億元和 2 萬億元。建設 100 項先進環保技術裝備應用示範工程，打造 20 個節能環保裝備製造基地，力爭突破 50 項環保技術裝備、40 項重大節能技術裝備
	開發資源綜合利用適用技術裝備	以提升工業資源綜合利用技術裝備水平、推進產業化應用為目標，基本形成適應工業資源循環利用產業發展的技術研發和裝備產業化能力	環保技術產業化專項、節能技術產業化專項、資源綜合利用技術產業化專項，突破 100 項重大資源綜合利用技術裝備，培育 100 家資源綜合利用產業創新中心
綠色製造體系構建	建立健全綠色標準	制修訂資源綜合利用及綠色製造管理體系等標準規範，完善全生命周期綠色標準，制定綠色工廠、園區、供應鏈標準，搭建開放的綠色標準創製公共平台，強化標準實施	重點行業出台 100 項綠色設計產品評價標準，10—20 項綠色工廠標準，建立綠色園區、綠色供應鏈標準
	開發綠色產品	按照產品全生命周期綠色管理理念，遵循能源資源消耗最低化、生態環境影響最小化、可再生率最大化原則，開發推廣綠色產品發佈綠色產品目錄，引導綠色生產	大力開展綠色設計試點示範，優先以家用洗滌劑、可降解塑料、動力電池、綠色建材等為突破口，到 2020 年，開發推廣萬種綠色產品
	創建綠色工廠	按照用地集約化、生產潔淨化、廢物資源化、能源低碳化原則，結合行業特點，分類創建綠色工廠	到 2020 年，創建 1000 家綠色示範工廠
	建設綠色工業園區	以企業集聚、產業生態化鏈接和服務平台建設為重點，推行園區綜合能源資源一體化解決方案，深化園區循環化改造，實現園區能源梯級利用、水資源循環利用、廢物交換利用、土地節約集約利用	培育一批創新能力強、示範意義大的示範園區。到 2020 年，創建 100 家綠色工業園區

續表

總體方面	重點任務	基本要求	項目與目標
綠色製造體系構建	打造綠色供應鏈	以汽車、電子電器、通信、大型成套裝備等行業龍頭企業為依託，以綠色供應標準和生產者責任延伸制度為支撐，加快建立以資源節約、環境友好為導向的採購、生產、營銷、回收及物流體系	開展綠色供應鏈管理試點，到 2020 年，在重點行業初步建立綠色供應鏈管理體系，生產者責任延伸制度取得實質性進展
	建設綠色製造服務平台	建立產品全生命周期基礎數據庫及重點行業綠色製造生產過程物質流和能量流數據庫，建立綠色製造評價機制，建設綠色製造技術專利池，建設綠色製造創新中心和綠色製造產業聯盟，積極開展第三方服務機構建設	到 2020 年節能環保服務業產值達到 1.8 萬億元

資料來源：根據《綠色製造工程實施指南（2016—2020 年）》整理，2016 年 9 月 14 日，中華人民共和國工業和信息化部網站（http://www.miit.gov.cn/n1146285/n1146352/n3054355/n3057542/n5920352/c5253469/content.html）。

表 8-2　2016—2020 年中國推進綠色製造工程建設指標要求

指　標	2020 年目標（與 2015 年相比）
重點行業主要污染物排放強度	下降 20%
工業固體廢物綜合利用率	73%
規模以上單位工業增加值能耗	下降 18%
噸鋼綜合能耗	0.57 噸標準煤
噸氧化鋁綜合能耗	0.38 噸標準煤
噸合成氨綜合能耗	1.3 噸標準煤
噸水泥綜合能耗	85 千克標準煤
電機、鍋爐系統運行效率	提高 5%
高效配電變壓器在網運行比例	提高 20%
單位工業增加值二氧化碳排放量	下降 22%
單位工業增加值用水量	下降 23%

資料來源：根據《綠色製造工程實施指南（2016—2020 年）》整理，2016 年 9 月 14 日，中華人民共和國工業和信息化部網站（http://www.miit.gov.cn/n1146285/n1146352/n3054355/n3057542/n5920352/c5253469/content.html）。

從上述綠色製造工程的內容可以看出中國推進製造業綠色化發展的決心。從保護環境、推進可持續發展角度大力推進綠色製造，已經是一個世界潮流。中國在鼓勵引導綠色製造發展的同時，也要採用一系列環境管制措施來限制高排放產業的發展，環境管制已經成為中國產業政策的一個重要方面。但是，迄今為止，理論界對環境管制對綠色製造的影響還沒有取得一致的認識。一些經濟學家認為如果採用太苛刻的環境規制措施，迫使企業採取減排、減產或者轉用更加清潔的製造技術，會增加企業成本、降低企業競爭力、影響企業發展進而阻礙經濟增長，尤其是從短期效果看問題會更加突出。在中國進入工業化後期經濟增速下降的背景下，嚴格的環境管制會加速這種趨勢。另外一種觀點則是認同所謂的「波特假說」——嚴格的環境規制有可能給企業帶來更大的激勵促使其進行技術創新，通過增加研發投入、提高企業創新水平，進而提高自己的生產率，從長期動態看企業競爭力反而會上升。雖然管制的成本可能導致價格水平上升，但環境改善給消費者帶來了福利改善，因此總體上消費者剩餘並不會減少。當然也有這兩種觀點的動態折中，隨着環境規制的強度增加和時間推進，環境規制對創新或者企業競爭力的影響呈現「U」形。雖然也存在大量基於中國製造業數據探討環境規制對製造業競爭力、創新和發展的實證文獻，但是結論也並不相同，既有支持「波特假說」的實證研究[1]，也有證明綠色生產規制對企業研發有負面影響的研究。[2] 從本質上看，經濟學研究還不能夠對上述綠色製造的產業政策或者環境規制政策實施提供全面的正向支持。但是，綠色製造的趨勢無疑是製造業轉型升級的必然方向，實際上，製造業的綠色化絕不是單純經濟學效率視角分析所能解釋的，更多是理念層面的。對於企業而言，

1　劉悦、周默涵：《環境規制是否會妨礙企業競爭力：基於異質性企業的理論分析》，《世界經濟》2018 年第 4 期。

2　張彩雲、呂越：《綠色生產規制與企業研發創新——影響及機制研究》，《經濟管理》2018 年第 1 期。

如同企業社會責任一樣，綠色製造不應該是製造企業對綠色製造規制的被動適應，而應該是對製造業綠色發展趨勢的主動追求。

三、推進綠色製造體系建設

自中國推進綠色製造工程以來，應該說中國製造業綠色化發展取得了顯著成就。2017 年共實施了 225 個綠色製造重點項目，發佈首批 433 項綠色製造示範名單，污染防治和節能節水攻堅戰取得重大成就，全年規模以上單位工業增加值能耗同比下降超過 4%、單位工業增加值用水量同比下降約 6%，超額完成年度目標。傳統製造業綠色化改造進程加快，綠色低碳產業規模不斷壯大，各行業、各地區以及有關部門立刻做出積極響應，截止到 2017 年年底已經有超過 30 個地區出台了相關支持政策；節能監察工作不斷深入，工業能效、水效持續提升，資源綜合利用水平大幅提高，再製造行業發展加速，2017 年中國資源綜合利用水平大幅提升，大宗工業固體廢物綜合利用量預計達到 14 億噸，再生資源綜合利用量預計達到 2.65 億噸；重點區域流域領域清潔生產水平穩步提升，標準引領作用日益突顯，綠色製造體系建設步伐加快，綠色發展理念逐步深化。[1]

但是，與國外先進國家綠色製造水平相比，中國還存在一些問題：一是國家大力支持傳統產業綠色化改造相關技術和裝備研發，但綠色製造技術水平不高，研發創新能力有待提升，先進技術裝備對工業綠色轉型的支撐力依然不足。特別是綠色設計和軟件方面的技術仍是制約綠色製造最突出的短板，這集中表現為綠色製造技術研發創新活動部分零散，平台式、體系化、集成化技術創新明顯滯後；資源循環再利用產業、

1　國家製造強國戰略諮詢委員會編著：《中國製造 2025 藍皮書（2018）》，中國工信出版集團、電子工業出版社 2018 年版，第 229–231 頁。

再製造產業的發展較為迅速，但產業規模總體尚小。二是綠色標準體系不健全，有待進一步完善，標準體系建立任重而道遠。綠色產品標識尚未形成統一的制定和認證標準。由於部分綠色技術和產品的「綠色程度」難以量化，缺少持續的基礎數據和足夠的公開信息支持，導致綠色標準和標識制定認證困難，影響綠色設計、綠色產品推廣、綠色評價等工作開展，不利於綠色製造體系構建。三是儘管國家通過財政稅收、金融創新等方式支持綠色發展，但仍存在較大的資金缺口，綠色金融創新也有待推進和落實，資金和成本壓力阻礙了企業綠色製造發展。現階段大多數企業節能減排、清潔生產、綜合利用等方面的投入，更多的是應對市場競爭壓力、國際貿易壁壘和環境規則約束的被動選擇。隨着經濟增速下滑，不少企業在綠色技術和產品研發的資金安排方面也捉襟見肘。另外，據估算，未來綠色製造每年至少需要 3 萬億—4 萬億元的資金投入，其中政府專項資助只佔 10%—15%，其餘的 85% 甚至 90% 都需要社會資本支持。[1] 因此，綠色製造發展仍然存在較大的資金缺口，財政支持只是杯水車薪，引導社會資金向綠色製造領域流動才是當前面臨的最緊迫任務之一。四是綠色發展觀念也尚未全面形成，綠色 GDP 考核機制和綠色監管體制的建立還有待相關標準體系的建立和完善。五是綠色製造公共服務能力不強，第三方服務機構發展有待規範，第三方服務行業整體處於起步發展階段，市場規模較小，服務質量良莠不齊，行業發展缺乏統一指南和規範性管理，對綠色製造體系構建的服務支撐作用不強。

進一步積極構建綠色製造體系，與單純節能減排的強制性約束不同，更宜採取以正向激勵為導向的政策思路，政策着力點要放在理念轉變、技術支持、標準完善等方面，實施方式應以鼓勵和引導為主，具體應該從以下八個方面着力。[2]

1　國家製造強國戰略諮詢委員會編著：《中國製造 2025 藍皮書（2018）》，中國工信出版集團、電子工業出版社 2018 年版，第 233 頁。

2　黃群慧、楊丹輝：《構架綠色製造體系的着力點》，《經濟日報》2015 年 12 月 10 日。

　　一是加快核心關鍵技術研發，加快實現綠色製造技術群體性突破。加緊制定重點領域綠色製造技術路線圖，重點研發新能源和資源集約利用、污染生態系統修復、污染物健康危害評測與預防、人工化學品控制等技術；鼓勵企業研發使用高性能潔淨成形技術、精確塑性成形技術、優質高效連續技術、精確熱處理技術、優質高效改性技術、塗層技術、快速成形技術和再製造技術，使生產過程的能量和原材料消耗顯著下降，排放顯著降低；基於綠色技術具有跨行業、跨專業的特點，建立生物、材料、能源、資源環境等多個領域的綠色技術公共平台，吸引科研院所、大學和研究型企業參與，提高技術集成能力，推廣應用效率；完善專利保護、知識產權市場交易體系，提升綠色技術研發與企業之間的利益結合度；改進技術引進質量和吸收能力，密切追蹤國外綠色關鍵技術的發展動向，評估其技術前景，指導和管理技術引進；完善公共信息服務體系，為相關企業實現綠色轉型提供技術選擇、技術發展趨勢和產品市場前景的諮詢服務。

　　二是深入推進製造業結構調整，構建綠色製造業體系。按照「等量置換」或「減量置換」的原則，進一步淘汰電力、鋼鐵、焦化、建材、電石、有色金屬等行業的落後產能；通過結構調整，對傳統產業進行綠色改造升級。應以技術升級改造和淘汰落後為切入點，推進企業兼併重組，打通傳統產業與綠色技術之間的通道，逐步將綠色技術、綠色工藝滲透到傳統產業的各個環節；大力發展綠色新興產業，培育新的綠色增長點。依託《中國製造2025》，將規劃重點領域作為加快工業綠色轉型的突破口。同時，深入研究綠色產業的發展規律和市場化前景，創造適合綠色產業發展的商業模式，加快新型綠色產品產業化。

　　三是借鑒國際經驗，完善綠色製造技術標準與管理規範。儘快建立和完善綠色技術、綠色設計、綠色產品的行業標準和管理規範。對現行標準進行全面清查和評價，按照綠色和可持續的原則，對原有標準進行補充修訂，加快推進新技術、新產品的標準制定，並嚴格實行標準管

理。積極參與並主導綠色國際標準的制定，推動中國綠色標準國際化。

四是鼓勵金融機構創新產品，加大對綠色製造資金支持。引導國內外各類金融機構參與綠色製造體系建設，鼓勵金融機構為企業綠色轉型和低碳改造提供適用的金融信貸產品，積極利用風險資金、私募基金等新型融資手段，探索建立適合產業綠色發展的風險投資市場。中央和地方財政要加大對資質好、管理規範的中小企業信用擔保機構的支持力度，鼓勵銀行、擔保機構等金融機構為中小企業綠色創新與低碳轉型提供便捷、優惠的擔保服務和信貸支持。

五是大力發展綠色運輸，推動綠色物流發展。根據國情，通過多式聯運、共同配送和信息網絡等方式實現運輸環節的綠色化；建立綠色倉儲體系，合理規劃倉儲佈局，實現倉儲設施綠色化利用；規範綠色包裝，推進包裝材料和包裝形式的綠色化；鼓勵綠色回收，回收產品設計要符合快速拆卸的要求，引導有實力的企業從事回收技術的專項研發，建立相關的拆卸和回收生產線，建立針對主要用戶市場的回收基地。同時，扶持專業回收機構和公司的發展，提供專業化綜合利用服務，提高回收利用的範圍和比率。

六是啟動政府綠色採購工程，引導綠色消費行為。進一步完善《政府採購法》，實施政府綠色採購工程，借鑒發達國家經驗，將綠色標識作為制定綠色採購產品目錄和指南的基礎依據，分行業、分產品制定並發佈綠色採購標準和清單，對政府實行綠色採購的責任和義務、獎勵和懲罰予以明確的規定，帶動消費者樹立綠色消費的信心。在此基礎上，開展多層次、多形式的宣傳教育，引導企業將綠色營銷與產品戰略相結合，在宣傳新上市的綠色產品時引導消費者形成綠色消費習慣。

七是充分發揮行業協會的作用，促進企業綠色經營管理創新。各行業協（商）會要充分發揮橋樑和紐帶作用，在政府相關部門指導下，深入調研行業綠色轉型的資金需求、技術條件和體制障礙，全面評估行業綠色轉型的成本與收益，及時反映企業的政策訴求，為政府決策提供依

據；利用政府補貼等財政手段，支持企業加大技術創新、節能減排、清潔生產、資源綜合利用和環境保護等方面的自主投入，激發企業綠色發展潛力，促進企業綠色經營管理創新；加強企業與環境監管部門合作，環境監管部門應與行業協會共同督促企業加強環保自律，並通過與單個企業或企業團體簽訂「綠色行動協議」等方式，鼓勵企業自主建立全流程的綠色管理和自查制度，引導企業主動實踐綠色發展的社會責任。

八是加強人才培養體系建設，為綠色製造提供人才保障。把人才培養作為綠色製造體系的重要舉措，根據綠色發展的總體要求，着力培養具有戰略思維和戰略眼光的決策人才，以及掌握高端技術的研發人才，包括國家層面的總體技術研發帶頭人、企業層面的具備自主研發能力的中堅技術力量等。「十三五」期間，一方面，通過整合國內相關研究和教學力量，開展短期專業技能培訓，迅速提高資源評價、裝備製造、監測認證、項目管理等領域技術人員的專業水平；另一方面，推動各類高校開設與綠色製造、綠色營銷、綠色物流、綠色管理有關的專業，夯實人才基礎，逐步建立綠色轉型的人才培養長效機制和緊缺人才引進戰略機制，為中國工業的健康、自主、綠色發展提供堅實的人力資源保障。同時，積極創造綠色就業崗位，並為傳統領域從業人員轉向綠色崗位提供各種轉崗培訓。

總體上需要再次強調，構建綠色製造體系，與單純節能減排的強制性約束不同，更宜採取市場主導和政府引導相結合、以正向激勵為導向的政策思路，政策着力點要放在理念轉變、技術支持、標準完善等方面，實施方式應以鼓勵和引導為主。這要求我們必須改變單純依靠政府主導推進綠色製造的工作方式，更多地依靠社會組織，發揮社會組織的作用。

第 九 章

服 務 型 製 造

在當今世界產業融合的大趨勢下，製造業服務化正成為製造企業轉型的一個重要方向，服務已成為製造企業獲得競爭力的重要手段，服務收入佔製造企業總收入的比重逐漸上升。從國際比較看，總體上中國製造業服務化水平較低，這與製造企業處在全球價值鏈的低端、服務化的戰略認識不足、核心能力缺失等有關，而服務業生產效率較低、服務化政策支持力度不夠和人才支撐不足等外部環境同樣不利於製造業服務化轉型。大力發展服務型製造，提高中國製造業服務化水平，不僅僅是製造業自身發展的需要，更是在中國經濟結構整體趨於服務化但效率下降的背景下，提高中國產業結構整體效率、促進真正意義轉型升級的需要。

一、產業融合與服務型製造

當今世界，第一、二、三產業之間關係越來越密切，彼此融合與互動發展是大勢所趨，製造業服務化、農業「六次產業化」等正在顛覆傳統產業分工格局。融合發展加快了農業現代化和製造業的轉型升級，同時為服務業提供了更大的發展空間，促進了傳統產業體系向現代產業體系的轉變。產業融合過程打破了傳統產業的技術邊界、業務邊界、市場邊界和運作邊界，從而推出新技術、新產品、新商業模式、新企業、新業態，進而實現消費升級、產業結構優化、產業發展和綜合競爭力提升，不僅如此，產業融合還有利於突破區域邊界，具有實現區域經濟一體化效應。三次產業的融合發展，促進了各產業轉型升級。作為傳統弱

勢產業的農業將吸收現代工業化成果並向服務業延伸，不斷推進技術創新和組織創新，逐步提高自身發展能力，拓展農業的多種功能，包括農產品供給功能、調節氣候、淨化環境、維持生物多樣性等生態服務功能和自然人文綜合景觀帶來的休閑、審美、教育等文化服務功能；作為過去經濟增長引擎的製造業部門，將在現代生產性服務業支撐下進一步突出在國民經濟中的創新驅動和高端要素承載功能，以現代高新製造技術「武裝」農業和服務業；服務業對經濟增長的拉動作用將更加顯著，特別重視生產性服務業內部的融合以及生產性服務業與工業和農業的融合，培育和發展戰略性的生產性服務業，鼓勵產業業態創新，在促進服務業整體生產率提高的同時，推進第一和第二產業的轉型升級。

　　產業融合的前提是技術融合。由於信息技術具有滲透性、倍增性、網絡性和系統性等特徵，在信息技術高度發展的今天，產業融合更多地表現為以信息技術為紐帶的、產業鏈上下游產業的滲透融合。實際上，在新工業革命的大背景下，類似「互聯網＋」效應正在顛覆或者改變着眾多傳統產業。新工業革命極大地促進製造業生產全過程的信息感知、智能決策、自動控制和精準管理，在移動互聯網所提供的信息網絡支撐環境下，「互聯網＋產業」能夠加速第一、二、三產業融合的「六次產業」新業態。實際上，知識型服務業和信息通信技術的加速發展是服務型製造創新發展的重要引擎。

　　對於製造業而言，由於產業融合而呈現的製造業服務化趨勢日益顯著，服務型製造正蓬勃發展。[1] 製造業和服務業融合，一方面是製造企業

1　「服務型製造」與「製造業服務化」雖然都是描述製造業和服務業融合的現象，但還是具有一定區別，直觀看「服務型製造」強調這是一種融合了服務業務的製造類型，具有靜態性；而「製造業服務化」則是強調製造業向服務業轉型升級的趨勢，具有動態性。本書在使用過程中並沒有嚴格區分「服務型製造」和「製造業服務化」。另外還有常用的「生產性服務業」，這個概念與「服務型製造」和「製造業服務化」從製造業出發不同，這是一種服務業分類，專指為生產者而非最終消費者服務的行業，包括基本生產服務、嵌入製造業價值鏈的基本生產服務和為生產性服務業服務。

作為融合主體，突破自身的產業邊界向服務業延伸和拓展，開始提供與產品相關的功能服務或其他製造，致使製造業的服務功能越來越突出；另一方面是服務企業作為融合主體，憑藉其技術、管理、銷售渠道和品牌優勢等向製造業延伸和拓展，導致主體由服務轉變為製造。更具體從製造業與生產性服務業融合看，至少有三種模式。一是基於共生性的融合模式，是指製造業的實物產品和生產性服務業的服務型產品必須捆綁在一起同時售出，才能滿足客戶需求，這種模式在機械、電子裝備等複雜專業的製造業中比較普遍。二是基於內生性的融合模式，是指製造業通過產業鏈的延伸，在同一價值鏈上前向或者後向衍生出與實物產品相關的生產性服務，這種融合模式在企業內生的融資租賃、後市場等領域表現明顯。三是基於互補性的融合模式，是指實物產品與生產性服務通過技術、資源、業務、管理和市場等的互補，提供給客戶具有互補型的產品，這主要體現在電信、通信、機械設備等領域。[1]

上述是關於從製造業與服務業融合視角對服務型製造的基本描述，從企業角度看，服務型製造是隨着信息技術的發展和企業對「顧客滿意」重要性認識的加深，越來越多的製造企業不再僅僅關注實物產品的生產，而是更加關注產品價值的實現和提升，以顧客為中心提供更加完整的「產品＋服務」一體化解決方案。從單純的製造業企業到提供一體化「產品＋服務」的服務型製造是一個動態漸進的過程，圖 9-1 聚焦分析顧客—供應商界面揭示了服務化連續體，圖頂端的服務化水平最低，在供應商和客戶之間的互動主要是交易性的，此時有一些外圍服務附加在產品上；底部的服務化水平最高，此時集成產品和服務的總體解決方案是由服務商和客戶共同設計完成的。從低服務化到高服務化共有四種類型：以交易為主，附加邊緣性服務；提供產品＋服務；產品的顧客化

1　童潔、張旭梅、但斌：《製造業與生產性服務業融合發展的模式與策略研究》，《軟科學》2010 年第 2 期。

定製＋服務；產品＋服務的協同設計——整體解決方案。[1]

　　從全球範圍來看，隨着全球進入服務主導的經濟時代，服務已成為製造企業獲得競爭力的重要手段，服務收入佔公司總收入的比重逐漸上升。一些著名的製造業龍頭企業開始努力推進服務型製造業務的發展，努力創造優質的服務來提升有形產品競爭力的做法已經普遍被人們所接受，隨着市場競爭的進一步全球化，企業爭創服務優勢的競爭意識越來

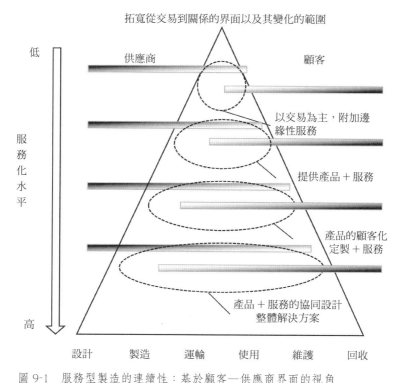

圖 9-1　服務型製造的連續性：基於顧客—供應商界面的視角

資料來源：Veronica Martinez, Marko Bastl, Jennifer Kingston, Stephen Evans, "Challenges in Transforming Manufacturing Organisations into Product-Service Providers", *Journal of Manufacturing Technology Management*, 2010, 21(4): 449–469.

1　Veronica Martinez, Marko Bastl, Jennifer Kingston, Stephen Evans, "Challenges in Transforming Manufacturing Organisations into Product-Service Providers", *Journal of Manufacturing Technology Management*, 2010, 21(4): 449–469.

越強烈。如 2011 年 IBM 的服務收入佔到總收入的 82.1%，服務業務的
稅前利潤佔到總利潤的 92.9%。又如日本的豐田汽車公司，為了提高公
司的市場競爭力、推銷豐田系列休閑遊覽車，豐田汽車公司在豐田休閑
遊覽車系列銷售店推出了開銷巨大的為客戶 24 小時服務的舉措，免費提
供事故處理、故障電話服務、客戶購車諮詢服務、鐵路、航空、住宿以
及看病等信息服務。根據德勤公司 2010 年對全球 80 家跨國製造業企業
的調查，服務業收入佔銷售收入比例為 26%，而服務淨利潤貢獻率平均
值達到 46%；有 19% 的製造業公司的服務收入超過了 50%。[1] 表 9-1 為代
表性製造企業提供增值服務的類型和內容。

　　製造業服務化趨勢在不同的國家和不同行業表現差異比較大。利用
投入產出表計算製造業服務化水平指數（某行業服務產出佔整個產出的
比例）表明，主要發達國家中芬蘭、荷蘭、瑞典等國的製造業服務化指
數較高，到 2011 年超過了 10%。從行業看，主要發達國家的不同製造
行業服務化強度不同，造紙、印刷和出版業，化學品及化學製品製造
業，交通運輸設備製造業的服務化係數較高，荷蘭廣播、電視和通信設
備業的服務化產出比例高達 59.68%，但基礎金屬製品業、紙漿及紙製
品業的服務業產出平均比例分別只有 1.61% 和 2.82%。製造業服務化
趨勢的影響因素眾多，但技術密集度是影響製造業服務化的一個重要因
素，高技術部門製造業服務化的程度要明顯高於低技術部門，中高技
術，尤其是高技術產業的服務化趨勢更加明顯。[2]

1　工業和信息化部服務型製造專家組等：《服務型製造典型模式解讀》，經濟管理出版社
　　2016 年版，第 1 頁。
2　黃群慧、霍景東：《中國製造業服務化的現狀與問題——國際比較視角》，《學習與探索》
　　2013 年第 8 期。

表 9-1　代表企業提供服務型製造的業務內容

服務型製造基礎	增值服務內容	具體內涵	代表企業
基於產品效能提升的增值服務	個性化的產品設計	在價值鏈的各個環節為消費者提供個性化產品設計相關的服務，包括個性化產品設計、個性化客戶體驗	紅領集團
	實時化的在線支持	包括遠程診斷服務、實時維修服務、外包服務和運營服務	羅爾斯羅伊斯
	動態化的個性體驗	通過硬件產品和內容服務融合，提供個人娛樂服務、基於未知的服務，為客戶提供動態化個性體驗	通用 OnStar、蘋果公司
基於產品交易便捷化的增值服務	多元化的融資租賃	基於技術含量高、資本密集型產品領域提供消費信貸服務、融資租賃服務等	福特、通用、GE
	精準化的供應鏈管理	整合上下游，建立產供銷各方物流、信息流和資金流協同一體運作體系，提供實時補貨、零部件管理、供應商庫存管理	卡特彼勒
	便捷化的電子商務	建立面向客戶的電子營銷體系，實現經營管理系統和製造單元、分銷渠道信息系統的集成，包括提供期貨電子採購、現貨電子採購	寶鋼集團
基於產品整合的增值服務	一體化的成套安裝	提供產品設計、方案諮詢、系統設計、成套安裝和運行維護等服務	阿爾斯通
	集成化的專業運營維護	在交鑰匙基礎上的全面維護和管理，提供設計、規劃、製造、施工、培訓、維護、運營一體化的服務和解決方案	華為公司
從基於產品的服務到基於需求的服務	構建基於動態需求的一體化解決方案	實現從基於產品的服務向基於客戶需求服務的轉變，將製造企業領先於市場的研發、供應鏈、銷售等運營能力向外延展為服務，企業由產品提供商成為解決方案提供商	IBM 公司

資料來源：安筱鵬：《製造業服務化路線圖：機理、模式與選擇》，商務印書館 2012 年版，第 86 頁。

二、產業「轉型」未「升級」

　　促進製造業與服務業的融合、推進服務型製造發展，具有微觀和宏觀的雙重意義。從微觀企業視角，這是提高企業效率、促進製造業務增值、提升競爭力的業務轉型戰略；對於宏觀而言，則是促進產業轉型升級、提高產業效率的一個產業發展戰略。促進產業結構轉型升級是經濟發展戰略和產業政策的核心。近年來中國一直把大力發展服務業作為促進產業結構轉型升級的一項重要戰略舉措和政策導向，這雖然對加快中國經濟結構高級化進程發揮了重要作用，但服務業快速增長背後的效率損失也給中國經濟增長帶來了結構失衡的風險。產業政策要精準，籠統地大力發展服務業的政策導向並不能夠帶來真正意義的產業結構升級，而大力推進服務型製造則是中國產業轉型升級的「牛鼻子」。

　　在產業融合的大趨勢下，服務型製造的發展實際上給產業結構轉型升級提供了一個正確的方向。從發展的趨勢看，中國未來產業結構升級的方向應該從單純提升服務業比例向促進製造業和生產性服務業相互增強發展轉變。過去有關中國產業結構問題的政策辯論常常圍繞「工業比重是否太高、服務業比重是否太低」展開。由工業產品複雜性所反映的一國製造業能力是一國經濟長期穩定發展的關鍵，產業結構調整方向不能一味地強調提升服務業所佔比例，單純從統計意義上的產業比重角度來判斷產業結構的合理性是不合適的。製造業服務化的發展趨勢不僅指出了這種非此即彼式思路的狹隘性，而且現實地揭示出產業結構從製造業為主向服務業為主轉換的核心是製造業與生產性服務業的相互促進發展。中國未來的工業化將在相當長時期內保持這種製造業和生產性服務業相互增強發展的局面。

　　近些年來，中國所謂產業結構轉型升級的趨勢十分明顯，這主要表現在服務業佔比迅速提升。應該說，一個國家的工業化進程進入工業化後期階段，工業比重下降、服務業比重提高是經濟發展的一般規律，也

是經濟現代化推進的結構轉換特徵，也被認為是經濟結構高級化的一種重要表現。但是，對於中國的產業結構變化而言，我們需要看到這種比例數據顯示的結構轉型背後的經濟運行風險。正如我們在第四章中所描述的「過早或者過快去工業化」「製造業空心化」「經濟脫實向虛」風險所揭示的那樣，我們需要警惕以產業結構轉型升級為名而使經濟陷入上述風險中。服務業佔比提高與降低不是問題的本質，本質是要促進產業的效率提升，當前中國的問題是由於服務業高端化不夠、服務業效率低於製造業效率，而服務業佔比越高整個產業效率越低的產業「逆庫茲涅茨化」問題。

如果我們嚴格區分產業結構的「轉型」和「升級」，「轉型」主要用於描述從一種產業主導的結構轉型為另外一種產業主導的結構，而「升級」則表述了從附加值低的產業（或產業環節）主導的結構轉向附加值高的產業（或產業環節）主導的結構。那麼，在充分肯定中國產業結構高級化趨勢的同時，我們也需要高度重視產業結構存在「轉型」而未「升級」的風險，也就是說我們要重視從三次產業增加值比例數據上看發生了從第二產業主導的產業結構轉向第三產業主導的產業結構的「轉型」，但從效率上看並未顯現出由於產業結構「轉型」而產生經濟效率整體提升的結構「升級」而引發的經濟問題。這實質上還是一個如何提升經濟增長質量的問題。

中國產業結構「轉型」未「升級」的背後原因很複雜。一方面，服務業內部結構的高端化程度不夠。服務業本身並不等於高端產業，服務業內各個行業性質差別較大，既有餐飲、家政等勞動力密集型服務業，也有金融、房地產等資本密集型服務業，還有軟件和信息、科研設計等技術密集型服務業，其中技術密集型的服務業產值變化才更能夠反映服務業內部結構的優化，而中國的服務業內部結構問題在於勞動密集型服務業佔比相對較大，技術密集型服務業佔比不夠高。另一方面，三次產業融合還不夠緊密，尤其是服務業對製造業轉型升級支持不夠。這既表

現為服務業中資本密集型服務業呈現出以偏離實體經濟自我循環為主的
增長趨勢，也表現為製造業與服務業結合不夠，尤其是與技術密集型服
務業結合不夠，也就是服務型製造發展不夠。這意味着，無論是從提升
服務業內部結構升級，還是促進三次產業融合角度，都需要大力發展服
務型製造，服務型製造的發展是中國產業結構實質上升級的關鍵。

　　從製造業發展看，隨着製造業產品複雜程度的提高、信息技術的發
展，近年來，世界工業化呈現出製造業服務化的趨勢，服務型製造發展
迅速。所謂服務型製造是製造業企業從投入和產出兩個方面不斷增加服務
要素在生產經營活動中的比重，從而實現向消費者提供「製造＋服務」一
體化解決方案、重構價值鏈和商業模式的全新生產經營方式，進而在產業
層面表現為製造業與服務業融合發展的新型產業形態，這種新型產業形態
既是基於製造的服務，又是面向服務的製造。雖然服務型製造源自製造業
向價值鏈的兩端延伸，但隨着服務型製造迅速發展，一些服務業企業向製
造環節深入的生產經營方式也屢見不鮮。服務型製造本質是製造業或製
造環節與服務業或服務環節之間的融合發展的新業態、新模式。

　　無論是美國的先進製造業計劃，還是德國「工業 4.0」，以及《中
國製造 2025》，都將服務型製造或製造業服務化作為未來製造業發展的
方向之一。這樣做的關鍵原因在於服務型製造是製造業創新能力提升、
製造業效率提高的重要源泉，有利於延伸和提升價值鏈，提高全要素生
產率、產品附加值和市場佔有率。尤其是新一代信息技術發展為服務型
製造發展又提供了有力的支撐。在信息技術還不發達的時候，製造企業
很難監測自家設備的運營狀況，也很難掌握個體用戶對產品的使用狀態
和身體狀況。移動互聯網、大數據、雲計算、物聯網、人工智能等信息
技術的逐步成熟和產業利用，使這些成為可能，極大地推動了製造業的
服務化轉型，新商業模式、新業態的創新層出不窮。目前，製造企業不
僅局限於研發、製造、銷售產品和簡單的售後服務，而且向它的客戶
（包括企業客戶和消費者）提供越來越多的高附加值服務，比如個性化

定製、提供綜合解決方案、智能信息服務，等等。而且，對於製造業來說，向服務型製造轉型可以減少對資源、能源等要素的投入，減輕對環境的污染，同時能夠更好地滿足用戶需求、增加附加價值、提高綜合競爭力。因此，基於製造業產品的服務活動已經成為越來越多製造企業銷售收入和利潤的主要基礎，成為製造業競爭優勢核心來源。例如，20 世紀 90 年代，IBM、HP、DELL 等計算機企業紛紛從賣硬件向服務轉型，2017 年 IBM 更是提出向認知解決方案和雲平台公司轉型；寶馬、奔馳等公司開展汽車分時共享業務。

從服務業發展看，以餐飲、商貿、流通為主的勞動密集型傳統服務業，主要服務於生活消費，附加價值和生產率都較低；而作為製造業向高端進階過程中分工細化產物的技術密集型服務業，既包括採用高技術裝備的部門，如電信、金融，也包括本身創造高技術服務的部門，如軟件、互聯網信息服務等，主要服務於生產性活動，附加價值和生產率都較高。由於製造業發展不僅是整個國民經濟實現創新驅動發展的物質基礎，而且也是服務業向高端發展的重要支撐，製造業是科技創新最為活躍的部門，既是創新的來源方，也是創新的應用方，這些技術密集型服務業必須和製造業緊密結合，為製造業創新發展服務，才能尋求到持續的效率源泉和發展動力，因此，對於服務業而言，服務型製造發展本身也是服務業轉型升級的內在要求。

因此，發展服務型製造無論對於製造業和服務業本身的轉型升級，還是對整個產業結構的轉型升級，都具有非常重要的意義。未來，隨着服務型製造的發展，三次產業日趨融合，統計比例所展示的「結構轉型」已經沒有太大意義，關鍵是效率提升所揭示的「結構升級」。我們產業結構調整和產業政策的目標不應該再是統計意義上的工業和服務業在國民經濟中的比重，而應是產業的運行效率、運營質量和經濟效益。而要提高中國產業效率、實現產業升級，一定要抓住發展服務型製造業這個「牛鼻子」。當前，中國已經湧現出一批在服務型製造方面做得比較好的

企業，但與國際先進水平相比總體還相差較遠。在中國製造業大而不強的國情下，這直接影響了中國製造業效率的提升，進而影響了中國工業全要素生產率的提高和中國經濟的潛在增長率。因此，必須從整個經濟發展戰略的視角高度重視發展服務型製造。

三、服務型製造的模式

服務型製造還是一個發展中的概念，要深度理解服務型製造還要具體分析當今製造業與服務業融合的具體模式內容。2016 年 7 月工業和信息化部、國家發展和改革委員會、中國工程院聯合發佈了《發展服務型製造專項行動指南》，以官方指導文件的形式具體明確了服務型製造的概念、模式和內涵。該指南認為，服務型製造是製造與服務融合發展的新型產業形態，是製造業轉型升級的重要方向。製造業企業通過創新優化生產組織形式、運營管理方式和商業發展模式，不斷增加服務要素在投入和產出中的比重，從以加工、組裝為主向「製造＋服務」轉型，從單純出售產品向出售「產品＋服務」轉變，這有利於延伸和提升製造業價值鏈，提高全要素生產率、產品附加值和市場佔有率。服務型製造是增強產業競爭力、推動製造業由大變強的必然要求，是順應新一輪科技革命和產業變革的主動選擇，是有效改善供給體系、適應消費結構升級的重要舉措。基於這個指南，推進服務型製造可以歸結為促進十大模式的發展，即創新設計、定製化服務、優化供應鏈管理、網絡化協同製造服務、提供製造外包服務、實施產品全生命周期管理、提供系統解決方案、創新信息增值服務、相關金融服務、相關智能服務。[1]

1　參見《工業和信息化部、國家發展和改革委員會、中國工程院關於印發〈發展服務型製造專項行動指南〉的通知》（工信部聯產業〔2016〕231 號），中華人民共和國工業和信息化部網站（http://www.miit.gov.cn/n1146295/n1652858/n1652930/n3757016/c5164359/content.html）。

　　第一，創新設計。這是指重視創新設計，深化設計在企業戰略、產品合規、品牌策劃、綠色發展等方面的作用，探索發展眾包設計、用戶參與設計、雲設計、協同設計等新型模式，用先進設計方法，提高企業創新能力。這要求引導製造業企業加大對設計的投入和應用，帶動產學研用協同創新，鼓勵競爭性領域優勢企業建立獨立設計機構，加快培育第三方設計企業，面向製造業開展專業化、高端化服務。政府需要建設創新設計公共服務平台，支持設計領域共性關鍵技術研發，鼓勵研發具有自主知識產權的設計工具和軟件，提高人機工程虛擬仿真應用水平。

　　第二，定製化服務。這是指為適應市場多元化需求，利用信息通信技術開展針對性定製化服務，增強定製設計和柔性製造能力，實現生產製造與市場需求高度協同，強化用戶體驗，提升產品價值。這要求通過客戶體驗中心、在線設計中心和大數據挖掘等方式，採集分析客戶需求信息，增強定製設計和用戶參與設計能力，支持社會中介組織、產業園區和互聯網企業搭建信息採集服務平台，健全數據共享和協同製造機制，為製造業企業開展定製化服務提供應用支持和技術支撐。

　　第三，優化供應鏈管理。這是指製造業企業通過提升自己在供應鏈中的主導地位，促進信息流、資金流和物流的協同整合，以提升供應鏈整體效率和效益。這要求企業提高供應鏈管理專業化水平，整合內部物流資源，優化生產管理流程，企業要成立專門的供應鏈管理部門，或與第三方物流企業開展外包合作，推動供應鏈各環節有機融合，提升供應鏈一體化水平和競爭能力。要提高供應鏈管理水平，企業還要拓展信息通信技術在供應鏈管理領域的應用，推廣智能化物流裝備和倉儲設施，提升計劃、調度、運作、監控能力。政府要推進國家交通運輸物流公共信息平台建設，完善供應鏈管理技術標準，提高運輸、物流容器和搬運工具等標準化水平。

　　第四，網絡化協同製造服務。這是指建立以製造業企業為中心的網

絡化協同製造服務體系，突破資源約束和空間約束，實現企業間協同和
社會製造資源廣泛共享與集成。這要求提升企業信息化水平，引導製造
業企業增強信息化方案設計、系統開發和綜合集成能力，支持軟件和信
息技術服務企業面向製造業提供信息化解決方案，開發低成本、高可靠
的信息化軟件系統。政府要大力推動雲製造服務，支持製造業企業、互
聯網企業、信息技術服務企業跨界聯合，實現製造資源、製造能力和物
流配送開放共享，提供面向細分行業的研發設計、優化控制、設備管
理、質量監控等雲製造服務，推動創新資源、生產能力和市場需求的智
能匹配和高效協同。

第五，提供製造外包服務。聚焦信息技術、業務流程和知識流程外
包，推動外包專業化、規模化、品牌化發展，深化產業分工，促進產業
鏈持續優化。改變企業「大而全」「小而全」的經營模式，樹立專業化、
精細化管理理念，支持製造業企業提升專業化製造服務水平，積極承接
離岸和在岸服務外包業務，深度嵌入產業鏈運營管理。積極搭建具有國
際先進水平的大數據、雲計算、電子商務等製造外包服務產業平台，不
斷提升產業競爭力。

第六，實施產品全生命周期管理。製造業企業實施產品全生命周期
管理（PLM），就是系統管理從需求分析到淘汰報廢或回收再處置的產
品全部生命歷程，着力統籌優化產品服務，綜合協調產品、用戶以及環
境利益，實現產品經濟價值和社會生態價值最大化。這包括以便利客戶
使用為導向，推廣電子交互技術手冊，完善設備運輸、演示安裝、設
備調試、客戶培訓等交付服務；以保障產品質量和安全生產為導向，
開展遠程在線監測／診斷、健康狀況分析、遠程維護、故障處理等質
保服務；以節能環保為導向，開展產品回收及再製造、再利用等綠色環
保服務。

第七，提供系統解決方案。製造業企業提供專業化、系統化、集

成化的系統解決方案，滿足客戶綜合需求，全面提升企業競爭實力。這要求製造業企業通過業務流程再造和組織結構重構，集中整合資源優勢，開展設施建設、檢驗檢測、供應鏈管理、節能環保、專業維修等領域的總集成總承包。企業增強諮詢設計、項目承接等系統解決能力，面向重點工程和重大項目，承攬設備成套、工程總承包（EPC）和交鑰匙工程。

第八，創新信息增值服務。這是指企業利用軟件和信息通信技術，創新服務模式，提升服務效率，提高產品附加值。企業需要針對客戶特定需求，研發設計具備個性設定和動態更新功能的產品。在重大技術裝備、特種設備和日用消費品等領域，企業要開展在線支持和數字內容增值服務。企業可以採購產業鏈相關企業提供的信息增值服務，實現生產經營管理信息集成和協同運營。政府需要支持製造業企業升級傳感器、芯片、存儲、軟件等，依託大數據、雲計算、物聯網平台為客戶提供實時、專業和安全的產品增值服務。

第九，相關金融服務。製造業企業發揮自身優勢，在依法合規、風險可控的前提下，發起設立或參股財務公司、金融租賃公司、融資租賃公司，延伸和提升價值鏈，提高要素生產率。這具體包括發展供應鏈金融業務，為金融機構開展供應鏈金融（SCF）業務和投貸聯動試點提供有效信息支撐服務；發展融資租賃業務，引導生產特定產品的企業通過設立金融租賃公司、融資租賃公司、租賃產業基金等方式，逐步發展大型設備、公用設施、生產線等領域的設備租賃和融資租賃服務。

第十，相關智能服務。創新發展以消費者為中心，以個性化定製、柔性化生產和社會化協同為主要特徵的智能服務網絡。鼓勵企業充分利用信息通信技術，突破研發設計、生產製造、銷售服務的資源邊界和運營邊界，推動生產和消費、製造和服務、產業鏈企業之間全面融合，促進產業、人力、技術、金融等資源高度協同。

四、發展服務型製造的着力點

從世界服務型製造的發展來看，中國服務製造的總體發展水平還相對較低，製造業服務產出落後於世界主要製造業國家。從製造企業自身角度看，一方面，製造企業對服務化戰略認識不足，企業對於製造業服務化的認識還處在起步階段，對於製造業服務化轉型的戰略意義缺乏充分的認識，對製造業服務化轉型過程中的新格局、新商業模式還有畏難情緒；另一方面，中國製造企業核心能力總體還相對缺乏，整體競爭層次較低，競爭策略主要依賴成本優勢和價格競爭，處在全球價值鏈的低端環節，因此開展服務型製造的資源不充分。從服務型製造發展環境看，一是中國總體上服務業生產效率較低，中國服務業生產率明顯低於製造業，製造業相對服務業具有「比較收益」，造成製造企業沒有足夠的動力發展服務業務；二是政府對服務型製造支持政策力度還不夠，無論是從財稅體制來看，還是從土地制度以及金融體制來看，都不利於服務型製造發展；三是服務型製造所需要的跨學科複合型人才、創意型人才還不足，中國目前教育體系還是面向製造業或服務業培養專業人才，人才培養模式和課程設計無法滿足製造業服務化轉型的需要。

服務型製造的發展是一場商業模式的革命，既需要宏觀政策的支撐，也需要重點行業的龍頭企業發揮品牌技術優勢，積極推動服務化轉型。具體而言，應該在以下五方面着力推進。[1]

一是培育產業融合發展觀念，構建一體化產業政策體系。長期以來中國的產業政策是以嚴格產業門類和政府部門職能分工為制定和運行的基本前提。甚至如果將「服務型製造」這個術語改為「製造業服務化」，有人就會認為產業政策歸口部門可能應該從工業和信息化部轉為商務部。但是，當今產業發展趨勢是產業融合，尤其是新一代信息技術推進

1　黃群慧：《中國製造如何向服務化轉型》，《經濟日報》2017 年 6 月 16 日。

下大量的新業態、新模式層出不窮，無論是產業政策還是政府部門，都需要適應這種產業融合的趨勢。對於發展服務型製造而言，需要建立一體化的產業政策體系，消除服務業和製造業在稅收、金融、科技、要素價格上的政策差異，降低交易成本。例如，要把高技術現代服務業和高技術製造業全部納入高新技術產業的範疇給予支持，還有，在稅收體制改革中，一定要注意避免出台不利於服務型製造發展的稅收政策；同時，要從客戶需求的視角整合行業管理部門的職能，制定相互協調融合的行業監管、支持政策，形成合力，推動服務型製造的大發展。另外要完善土地制度，採取協議出讓的方式，降低服務業用地成本；最好還要加大消費者保護力度，逐步改變以「物」為中心的理念。由於中國長期注重保護企業的利益，而對消費者的權益保護嚴重不足，致使企業獲取收益機制就是依靠一次性出售產品，而不是關注產品對消費者的價值，因此應加大消費者權益保護力度，迫使企業與消費者建立長期、多次合作關係。

二是強化兩化融合發展觀念，提升信息技術支持能力。信息技術是服務業與製造業融合的「黏合劑」，《中國製造2025》和《發展服務型製造專項行動指南》都十分強調大力發展面向製造業的信息網絡技術服務，提高重點行業信息應用系統的方案設計、開發、綜合集成能力。對於服務型製造而言，低時延、高可靠、廣覆蓋、更安全的工業互聯網基礎設施體系是硬件基礎，必須加快建設；而低成本、高可靠的信息化軟件系統，以及集成消費、設計、生產、銷售和服務全過程的工業大數據應用服務是軟件基礎，需要加速開發推進。要通過大力推動雲製造服務，支持製造業企業、互聯網企業、信息技術服務企業跨界聯合，實現製造資源、製造能力和物流配送開放共享。

三是樹立產業生態系統觀念，加強製造服務平台建設。產業創新發展的關鍵取決於其能否有一個健康的生態系統。服務型製造的發展是對原有產業價值鏈條的重構，企業需要在新的生態系統中重新確定自己的價值地位。為了鼓勵服務型製造的發展，政府一方面要圍繞製造業服務

需求，建立創新設計、物流服務、質量檢驗檢測認證、市場營銷、供應鏈管理等生產性服務公共平台，培育研發、法律、工程、融資、信息、諮詢、設計、租賃、物流等生產性服務業體系，提升產業結構層次，加強製造業配套能力建設；另一方面要加強信息化網絡服務平台建設，積極搭建具有國際先進水平的大數據、雲計算、電子商務等服務外包產業平台，積極研究工業互聯網網絡架構體系，加快制定面向工業互聯網平台的協同製造技術標準，以及產業鏈上下游間的服務規範。

四是樹立客戶至上觀念，尋求重點突破的行業和模式。服務型製造的一個重要效率源泉是對客戶潛在需求的一體化深度滿足。以挖掘客戶需求為突破口，在重點行業實施服務型製造行動計劃，創新個性化、專業化的服務型製造模式。從製造業服務化的典型案例和發展趨勢來看，當前中國發展服務型製造重點是裝備製造業、白色家電製造業、電子信息消費品製造業以及衣飾傢具製造業等行業，可重點發展的服務模式有為客戶提供專業化的供應鏈金融、工程機械融資租賃等服務，為客戶提供包括自產主體設備、設備成套、工程承包、專業化維修改造服務、專業化遠程全面狀態管理在內的整體解決方案，為每一位客戶量身定製一步到位、全方位的整體供應鏈解決方案，等等。對於白色家電製造業，當前重點發展提供設計、製造、維修、回收等全生命周期服務；對於衣飾和傢具行業，重點發展客戶參與的大規模定製服務等；電子信息消費品行業服務化的方向是「線下產品＋線上服務」，提供智慧生活服務。為不同行業服務導入重點和需求，可以有針對性地選擇突破（見表 9-2）。

五是樹立以人為本教育理念，不斷完善教育培訓體系。產品服務系統、整體解決方案主要是依託高新技術以及現代經營方式和組織形式而發展起來的，是知識密集、技術密集型產業。在製造企業導入服務的過程中，要求供應商既要對自己的產品設備的特點、工藝流程、生產佈局以及項目管理等有深入的了解，還要精通現代服務理念、服務模式。同時由於服務具有無形性、同步性、異質性和不可儲存性，需要從業人員

表 9-2　不同製造行業服務導入的重點和需求

行業	發展需求
機牀工具	設備再製造、整體解決方案、檢測維修、遠程監控；研發設計、試驗、檢測；人力資源開發培養體系
農業機械	供應鏈管理優化
工程機械	回收再製造、整體解決方案、物流平台、研發設計平台、試驗等
重型礦山	工程總包、工程成套；備件服務；遠程監控；產品生命周期結束後的回收、處理、再製造
石化通用	檢測；共享平台建設；解決方案；供應鏈管理優化；接受客戶委託進行產品的研發、設計服務
基礎件	長期協議服務；備品備件服務
汽車	長期協議服務；汽車產品開發、技改工程
電工電器	產品研發、工程成套、製造外延、電線電站產品及原材料檢測
儀器儀錶	提供整體解決方案、檢測、共享平台建設、供應鏈管理優化、系統優化

資料來源：安筱鵬：《製造業服務化路線圖：機理、模式與選擇》，商務印書館 2012 年版，第 292 頁。

有良好的團隊協作能力和服務意識、良好的溝通應變和實踐技能。但是，中國現有的教育體系還是培養面向製造業或服務業的專業人才，還沒有高等學校設立服務型製造方面的專業，人才培養模式和課程設計與服務型製造的發展需求相脫節。因此，中國應調整高等教育、職業教育的發展重點和教育模式，大力發展實訓基地，為服務型製造發展提供合適的人才。同時，企業要制訂符合自己特點的人才培養計劃，並制定吸引人才、留住人才的制度、措施和機制，為服務型製造發展提供人才支撐。

第 十 章

工 業 基 礎

2018 年 10 月 5 日，美國發佈《評估和強化製造與國防工業基礎及供應鏈彈性》非密版報告，這是一份由總統指令、國防部工業政策辦公室領導，商務部、勞工部、能源部和國土安全部等多個政府部門參與，歷時一年多完成的報告。該報告指出美國的製造與國防工業基礎支撐經濟的繁榮和全球競爭力，目前該工業基礎面臨一些前所未有的挑戰。這個報告本身在一定程度上反映了美國對於工業基礎能力的重視。一般而言，工業基礎主要包括核心基礎零部件（元器件）、關鍵基礎材料、先進基礎工藝和產業技術基礎（簡稱「四基」），直接決定着產品的性能和質量，是工業整體素質和核心競爭力的根本體現，是製造強國建設的重要基礎和支撐條件。因此，如果說製造業是強國之基，那麼工業基礎則是強國的基石了。

一、工業化的時間要素

改革開放以來，雖然中國快速推進了工業化進程，步入工業化後期，成為一個世界第一的工業大國，但是，不能忽視的是，工業化進程除了需要投入資本、勞動力、土地以及到工業化後期更為重要的創新等要素外，還需要「時間」要素。中國是一個典型的趕超型後發國家，以發達國家為標杆，充分發揮了「人口紅利」，成功地實施了出口導向工業化戰略，通過改革開放極大地釋放了生產力，這促進了中國經濟跨越式發展的「趕超奇蹟」。但是，中國工業化進程中還有一些問題需要「時

間」來解決，「跨越式發展」不能解決工業化進程中的所有問題。基於
GDP 計算的經濟總量，所反映的僅僅是一個國家創造的財富新增流量，
而不是一個國家所擁有的財富總量。中國雖然在 GDP 上已經是世界第二
的世界性大國，但由於中國工業化開始時間較晚，中國所擁有的工業財
富總量還遠遠不夠。根據一項研究的估算，2008 年，美國財富總量是中
國的 5.9 倍，日本是中國的 2.8 倍；美國生產性財富（工業生產物蓄存
量）是中國的 3.8 倍，日本是中國的 2.4 倍；而人均生產性財富美國是
中國的 16 倍，日本是中國的 25 倍。如果美、日、中三國均保持當前的
生產性財富增速，中國人均生產性財富要到 2034 年和 2035 年才能趕上
美、日兩國；而人均財富總量趕上美、日則需要更長時間。[1] 這意味着中
國還需要更長時間來深化工業化進程，積累國家財富。

　　不僅如此，工業化的「時間」要素還決定了中國許多關鍵的基礎技
術並不具備。財富積累需要時間，知識和技術的積累同樣需要時間，很
多關鍵的基礎技術是需要時間耐心「打磨」才能獲得的。在出口導向工
業化戰略驅動下，中國充分利用了後發優勢快速地發展成為工業大國，
形成了門類較為齊全、能夠滿足整機和系統一般需求的工業體系，但
是，核心基礎零部件（元器件）、關鍵基礎材料嚴重依賴進口，產品質
量和可靠性難以滿足需要；先進基礎工藝應用程度不高，共性技術缺失；
產業技術基礎體系不完善，試驗驗證、計量檢測、信息服務等能力薄
弱。工業基礎能力不強，嚴重影響主機、成套設備和整機產品的性能質
量和品牌信譽，成為進一步提高工業化水平和質量的瓶頸。[2] 這說明，雖
然中國快速的工業化進程促進了中國的工業發展和經濟增長，但是中國
的工業基礎積累還不夠，許多需要時間來積累的知識和技術還沒有真正
掌握。

1　金碚：《推進工業化仍是我國重要戰略任務》，《光明日報》2014 年 12 月 1 日。
2　《工業強基工程實施指南（2016—2020 年）》，青島市經濟和信息化委員會網站（http://
　　www.qdeic.gov.cn/n28356049/n32561453/180409083230383780.html）。

　　從中國工業化技術進步分析，作為後發國家的中國，其技術源泉主要依靠國外發達國家，其技術獲取的路徑主要包括幾方面，一是參加全球價值鏈分工、利用從事加工裝配過程「幹中學」；二是通過「市場換技術」，在合資過程中把外資引入中國市場，這個過程產生了技術外溢效應；三是直接引進技術和人才，通過學習引進技術提高自己的技術水平。無論是哪個途徑，所謂的「工業四基」——核心的基礎零部件（元器件）、關鍵的基礎原材料、先進基礎工業、產業技術基礎都是很難獲得的。於是形成了中國工業發展「卡脖子」的工業基礎問題，工業基礎不強成為制約中國工業發展的關鍵因素。

　　2018 年美國挑起與中國的貿易摩擦，對中興公司進行了制裁，一時間芯片問題成為中國家喻戶曉的「痛」。但是，芯片問題只是中國電子信息產業的一個「阿喀琉斯之踵」，在各個製造業行業中，都存在「工業四基」落後所形成的「卡脖子」現象。例如，軍用飛機和民用飛機的發動機、機載電子設備、關鍵材料和配套件大量進口，特別是高性能發動機面臨國外禁運的困局；高鐵裝備所需的軸承、制動系統、輪對、高強度螺栓等核心零部件（元器件）80% 以上需要進口；大型工程機械所用的 30MPa 以上高壓泵、閥、馬達和控制系統、高性能發動機幾乎全部進口。[1] 在中國 2016 年頒佈的《工業強基工程實施指南（2016—2020年）》中，提出推動 80 種左右標誌性核心基礎零部件（元器件）、70 種左右標誌性關鍵基礎材料、20 項左右標誌性先進基礎工藝實現工程化、產業化突破（總共 170 種），先進軌道交通裝備、信息通信設備、高檔數控機牀和機器人、電力裝備領域的「四基」問題率先解決。該指南還具體規劃實施重點產品、工藝「一條龍」應用計劃，這些重點產品包括：傳感器，控制器，控制系統，高精密減速器，伺服電機，發動機電噴系

1　謝振忠：《基礎支撐發展　強基制勝未來——解讀〈工業強基工程實施指南（2016—2020年）〉》，中國報告網（http://news.chinabaogao.com/hgjj/201612/1292611602016.html）。

統，輕量化材料精密成形技術，高速動車組軸承及地鐵車輛軸承，IGBT器件，超大型構件先進成形、焊接及加工製造工藝，超低損耗通信光纖預製棒及光纖，工程機械高壓油泵、多路閥、馬達，航空發動機和燃氣輪機耐高溫葉片，高性能難熔難加工合金大型複雜構件增材製造（3D打印），石墨烯，存儲器 16 項。[1] 這也從一定程度上反映出中國工業基礎能力薄弱問題的普遍性。

在認識到中國工業發展的基礎能力薄弱問題後，通過系列規劃或者政策促進中國工業基礎能力的提升是必要和緊迫的。但是還必須客觀地認識到，這些問題的解決絕不是通過「大躍進」式運動在短時間內可以解決的。在這方面必須有耐心，必須認識到後發國家的工業化進程可以提速，但是工業化財富和技術也是需要時間積累的。當美國在努力遏制中國技術進步、封鎖中國的技術創新源時，我們更加需要靜下心來提高自己的知識和技術原創能力。實際上，這不僅僅是一個科研經費投入的問題，更是創新的生態系統的完善，涉及教育體制、科研體制、社會文化環境、產業體系和市場體系等各個方面的變革。當中國遇到芯片「卡脖子」問題之後，社會上更多的聲音是加大投入、集中攻關來解決芯片問題。這種措施的必要性是毋庸置疑的，但更為關鍵的是，我們需要思考對於芯片這種技術迭代很快、市場化程度很高的核心基礎零部件，能否像原子彈那樣通過短時間的集中攻關解決。不同的技術因其本身特徵差異，技術創新的路徑是有區別的，我們必須尊重技術進步的規律。如果認識到一個國家的工業化進程還需要「時間」作為一種投入要素，也許我們會更能心平氣和一些，更能從長遠戰略視角、從全局系統視角來思考如何培育中國的工業基礎能力提升問題。工業與金融業不同，工業技術需要長時期的專心致志、鍥而不捨的積累和鑽研，我們需要繼續深

1　《工業強基工程實施指南（2016－2020 年）》，青島市經濟和信息化委員會網站（http://www.qdeic.gov.cn/n28356049/n32561453/180409083230383780.html）。

化中國工業化進程，創造一個有利於工業專心創新發展的生態環境。在當前中國經濟「脫實向虛」趨勢日益明顯的情況下，這一點至關重要。去掉浮躁心態，專注於中國的工業基礎，這是中美貿易摩擦給中國發展的一個很好的啟示。

二、「工匠精神」

對於中國製造業發展而言，「工業四基」是最為關鍵的工業基礎。但是，這只是有形的工業基礎，我們不僅需要這些有形的物質技術層面的工業基礎，更需要無形的精神文化層面的工業基礎。在製造強國建設的大背景下，「工匠精神」這個已經失落多年的用語重新返回舞台，日益成為政府、學界和媒體討論的熱點。

在傳統意義上，「工匠精神」一般用於描述傳統手工藝匠人所傳承的慢工細活、鑽研技藝、認真專注、一絲不苟、精益求精的工作態度和職業精神。隨着第一次和第二次產業革命的演進，傳統手工藝匠人逐步被現代產業工人所取代，大規模流水生產成為主導的技術經濟範式，「慢工細活」的這種工匠理念與追求高效率和規模經濟的現代化大生產顯得有些格格不入了。那麼，為什麼在今天建設製造強國的背景下我們重新倡導「工匠精神」呢？重新倡導「工匠精神」是我國從製造大國轉向製造強國的需要。

現代意義的「工匠精神」，揚棄傳統手工業工匠「慢工細活」的具體操作性內涵，抽象為現代產業工人對工作所秉持的認真專注、精益求精的敬業精神。在當前中國已經成為工業大國但還不是工業強國的基本國情背景下，中國製造業發展戰略亟待從數量擴張向質量提升轉型，而精益求精的「工匠精神」正是高質量「中國製造」的文化基礎。在精益求精的精神驅動下，現代產業工人會鍥而不捨追求技能的提升，從而促進工藝創新、產品創新和質量完善。當今世界的製造強國，無一不是高

度重視「工匠精神」的。德國和日本的製造強國地位與其產業工人「工匠精神」密不可分,即使是美國這樣的國家,其創新源泉也根植於認真專注、精益求精的「工匠精神」,「工匠精神」也被認為是「締造偉大傳奇的重要力量」。[1]

「工匠精神」一般是指產業工人的敬業精神,但現在可以引申為泛指各行各業精益求精的敬業精神。而且,在當前製造強國建設的背景下,提倡現代產業工人要具有「工匠精神」,不能忽視的是其另外一層重要含義,那就是賦予現代產業工人更高的社會地位和價值。具有「工匠精神」的產業工人不再是現代大生產系統的一個「螺絲釘」,而是在整個製造過程中具有主導力量的「工匠」,是具有「匠心」的工業「藝術品」的「大師」,所從事的是一項值得自豪和崇尚的職業。

從古代的魯班和庖丁,到中華人民共和國成立後的「八級工」,中國一直就不缺少對「工匠精神」的推崇。1956 年制定、後經過修訂的企業八級技術等級制度,得到當時企業工人和全社會的普遍認可,「八級工」成為工人終生奮鬥的職業生涯目標。一句歇後語「八級工拜師──精益求精」從一個側面反映了「八級工」制度對「工匠精神」的很好詮釋。

但是,近些年來出現了眾多不利於「工匠精神」傳承和發揚的社會經濟環境因素,傳承和發揚「工匠精神」的制度基礎也逐漸被削弱,現代產業工人的「工匠精神」開始失落。一是從產業角度看,隨着中國工業化進程進入中後期,尤其是進入工業化後期,在泛泛地大力發展服務業的戰略指導下,中國經濟呈現出過早「去工業化」跡象,政策、資金、人才等各種資源「脫實向虛」問題日趨嚴重,幾乎成為一個無法根治的痼疾。製造業地位,尤其是製造業對於創新型國家建設的意義沒有得到應有的重視,源自製造業的「工匠精神」也就無從談起。二是從製

1 黃群慧:《工匠精神的失落與重塑》,《光明日報》2016 年 6 月 29 日。

造業自身發展看，在低成本趕超型戰略驅動下，重視生產規模而忽視產品質量，對能夠保障產品高質量的生產製造動態能力關注和培育不夠。錯誤地信奉所謂的「微笑曲線」，製造環節的價值被大大低估，對營銷技巧的重視遠遠高於對製造環節生產工藝改善和質量提升的重視，沒有認識到同一種產品因質量差異其「微笑曲線」會完全不同，高質量產品的「微笑曲線」可能會變成「沉默曲線」或者「悲傷曲線」，精益求精的「工匠精神」所帶來的高附加值也沒有被認識到。三是從社會環境看，姑且不論作為現代產業工人主體之一的農民工，因市民化進程緩慢，其社會地位一直未得到明顯提升，單從現代產業工人中的技術工人群體看，其社會地位近年來也一直沒有得到應有提升，未能成為中產階級的組成部分。在大學生的擇業觀念中，金融業是多數人的職業首選，2011—2015 年，金融業正規就業人員增加 100 萬人，中國金融業從業人員已經達到 600 萬人左右。如圖 10-1 所示，針對北京大學與清華大學 2016 年畢業生工作去向的調查表明，金融業是第一位，吸引了兩校約 1/4 的畢業生，北京大學佔比為 26.4%，清華大學佔比為 21.2%，遠高於 IT、教育、科研、公共管理和製造業；清華大學製造業佔比僅 7.4%。[1] 即使進入製造業，多數人也要先選擇一般行政管理和營銷工作，做技術工人成為大家不得已的選擇。社會學者基於人口普查數據分析表明，在 2000—2010 年的 10 年中，中國社會職業結構中技術工人的佔比從 11.2% 下降到 9.8%，下降了 1.4%，而營銷群體、辦事員從 2.9% 上升到 13.34%，增長了 10.44%。技術工人的社會地位不僅與中產階級的地位相差甚遠，也低於營銷人員、辦事員群體。在產業工人的社會地位不斷下降的環境下，「工匠精神」逐步缺失也就難以避免。

---

1 資料來自北京大學和清華大學《2016 年畢業生就業質量報告》，轉引自卓賢《金融膨脹與中國經濟轉型》，《財經》2018 年第 13 期。

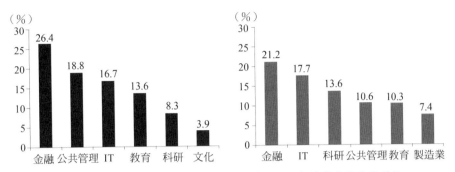

圖 10-1　北京大學（左圖）與清華大學（右圖）2016 年畢業生的就業結構

資料來源：北京大學和清華大學《2016 年畢業生就業質量報告》，轉引自卓賢《金融膨脹與中國經濟轉型》，《財經》2018 年第 13 期。

　　一種精神或者文化的培育，往往都要經歷社會文化環境與經濟法律制度相互作用的複雜而漫長的過程。「工匠精神」的培育，僅僅靠宣傳教育是不夠的，直接學習移植日本、德國的「工匠文化」也是難以實現的，它需要社會文化環境改造與理性激勵制度完善的綜合作用。一方面，要逐步改善中國社會文化環境，重視實體經濟的發展，尊重「工匠精神」，提高對製造業發展、對精益求精理念的重視，推進低成本趕超戰略觀念轉型，改變重視增長數量忽視發展質量的政府政績觀，積極推進專注品質、精益求精的「工匠精神」的建設；另一方面，需要完善激勵制度與改善社會文化環境相協同，當務之急是，要切實解決「脫實向虛」導致的「虛實失衡」結構問題，同時在職業培訓體系、職業社會保障、薪酬和獎勵制度等方面改革完善，尤其需要強調完善的激勵制度，通過激勵制度體系的建立完善，逐步引導培育產業工人精益求精的行為習慣，最後形成超越制度的行為準則和價值觀念，「工匠精神」才會形成。這要求圍繞產業工人的技能提升培訓、鑽研精神獎勵、創新導向激勵、職業社會保障等各方面建立完善相應的激勵制度體系。當前特別要解決的是「精英型」的技術工程人才培養問題，通過深化高等教育體制改革填補中國「低端職業教育」不能滿足「高端製造」發展要求的空白。

　　在注意培育「工匠精神」的同時，還要注意「工匠精神」與「企業

家精神」的協同，協同推動「企業家精神」培育與弘揚「工匠精神」。
持續創新、不畏風險是「企業家精神」的核心內涵，精益求精、專心致
志是「工匠精神」的基本要義。中國工業基礎提升，一方面需要培育和
發揚持續創新的「企業家精神」，以「企業家精神」促進製造企業戰略
轉型，進而推動製造業從中低端向中高端轉型，提升整體製造業品質；
另一方面需要培育和弘揚精益求精、追求卓越的「工匠精神」，通過這
種精益求精的「工匠精神」不斷改善製造企業的工藝和技術，進而持續
提升製造產品的質量和信譽。推動中國製造的基礎，既要有一大批具有
創新精神、專注製造業發展的企業家，也要有一大批精益求精、不斷創
新工業改進產品質量的現代產業工人。

三、工業強基工程

近些年，中國高度重視工業基礎建設問題，在《中國製造 2025》中
專門提出了工業強基工程。2016 年，為落實製造強國建設戰略部署，
工業和信息化部牽頭，會同國家發展和改革委、科技部、財政部、中國
工程院、國防科工局、質檢總局、國家標準委 7 個部門，共同發佈了
《工業強基工程實施指南（2016—2020 年）》。該指南圍繞《中國製造
2025》十大重點領域高端突破和傳統產業轉型升級重大需求，堅持「問
題導向、重點突破、產需結合、協同創新」，以企業為主體，應用為牽
引，創新為動力，質量為核心，聚焦五大任務，開展重點領域「一攬子」
突破行動，實施重點產品「一條龍」應用計劃，建設一批產業技術基礎
平台，培育一批專精特新「小巨人」企業，推動「四基」領域軍民融合
發展，着力構建市場化的「四基」發展推進機制，為建設製造強國奠定
堅實基礎。

中國工業強基工程的目標是，經過 5—10 年的努力，中國製造業的
部分核心基礎零部件（元器件）、關鍵基礎材料達到國際領先，產業技

術基礎體系較為完備，「四基」發展基本滿足整機和系統的需求，形成整機牽引與基礎支撐協調發展的產業格局，夯實製造強國建設基礎。到2020年，中國工業基礎能力明顯提升，初步建立起與工業發展相協調、技術起點高的工業基礎體系。

具體而言，圍繞《中國製造2025》十大重點領域，中國工業強基工程積極推進，近兩年，工業強基工程支持的項目已經涵蓋了十大重點領域的許多方面。[1]

新一代信息技術領域，包括高端片式電阻、電容、電感，嵌入式射頻模組基板，56Gbps高速連接器，高頻片式壓控晶體振盪器，光電監測傳感器等核心基礎零部件，超低損耗光纖、彩色光刻膠、半導體級高純多晶矽等關鍵基礎材料，精密及超精密加工工藝、集成電路製造工藝等先進基礎工藝，電子元器件質量檢測及可靠性技術基礎公共服務平台、集成電路公共服務平台等產業技術基礎。

高檔數控機牀和機器人領域，包括工業機器人軸承，機器人視覺傳感器，高響應、高精度、高速系列伺服電機，高檔機牀用主軸等核心基礎零部件，金屬粉末增材製造工藝等先進基礎工藝，先進焊接工藝與智能焊接技術裝備開發與服務平台等產業技術基礎。

航空航天裝備領域，包括航空抽芯鉚釘等核心基礎零部件，航空用高精度高溫合金管材、高溫單晶母合金、低殘餘應力航空鋁合金材料等關鍵基礎材料，航空軸承檢測鑒定公共服務平台等產業技術基礎。

海洋工程及高技術船舶領域，包括大功率艦船用發動機傳動鏈條等核心基礎零部件，海洋工程及能源裝備用特殊鋼材、海洋工程用高強耐鹼集成化玻璃纖維材料等關鍵基礎材料。

軌道交通裝備領域，包括動車組齒輪傳動系統、制動系統、軌道交

1　國家製造強國建設戰略諮詢委員會編著：《中國製造2025藍皮書（2018）》，中國工信出版集團、電子工業出版社2018年版，第432—438頁。

通用動力型超級電容器等核心基礎零部件，高速列車車體底架用 7000 系高性能鋁合金結構材料等關鍵基礎材料，以及城市軌道交通列車通信與運行控制公共服務平台產業技術基礎。

節能與新能源汽車領域，包括先進高效機電耦合驅動系統、智能網聯汽車操作系統及軟件、轎車用第三代輪轂軸承單元、汽車輕量化關鍵零部件等核心基礎零部件，鋰電池用高純晶體六氟磷酸鋰材料、汽車用高端模具鋼等關鍵基礎材料，輕量化材料精密成形工藝等先進製造工藝，汽車開發集成數據庫公共服務平台等產業技術基礎。

電力裝備領域，包括柔性直流輸電試驗系統、柔性直流輸電用控制保護系統、自主三代核電技術關鍵傳感器及儀錶組件等核心基礎零部件，超臨界火電機組用特種不鏽鋼管、高端電器裝備用電工鋼等關鍵基礎材料，能源裝備高性能葉片製造工藝等先進基礎工藝，智能電網用戶端產品開發檢測及可靠性技術基礎公共服務平台的產業技術基礎。

農業裝備領域，主要是大型經濟作物收穫機械液壓系統核心基礎零部件一個項目。

新材料領域，包括耐 650℃ 以上高溫鈦合金材料、軸承用高標準軸承材料、無石棉複合纖維等關鍵基礎材料，以及碳纖維複合材料試驗公共服務平台、高純稀土檢測服務平台等產業技術基礎。

生物醫藥及高性能醫療器械領域，包括醫用 CT 機用高能 X 射線管組件、靜電圖像顯影劑用磁性載體、創新藥物等關鍵核心基礎零部件，以及高性能醫療器械技術服務平台等產業技術基礎。

在國家推進工業強基工程的號召下，各省（自治區、直轄市）積極推進工業強基工程，結合自身產業特點，在各項規劃中圍繞工業「四基」領域制定具體發展目標並加以落實。部分「四基」產業集中的省（直轄市）特別制定了工業強基工程的專項實施方案（見表 10-1）。例如，江蘇省制定了《江蘇省工業強基工程三年實施方案》後，將工業強基作為製造業技術改造的重要內容和重要支撐，在技術改造專項資金中進一步

加大了對工業基礎能力建設的支持力度。截至 2018 年 2 月，江蘇省累計培育國家級企業技術中心 105 家；實施工業強基工程，推進總投資近 1000 億元的 80 個重點項目建設，9 家企業中標國家強基項目；22 家企業（產品）被認定為國家製造業單項冠軍示範企業（產品）。又如，福建省制定了《福建省工業強基工程實施方案（2016—2020 年）》，儲備工業強基工程重點項目 129 項。2017 年，福建省對強基重點項目的累計投資達到 64 億元，組織實施的關鍵基礎材料、核心基礎零部件（元器件）和先進基礎工藝領域項目分別為 18 項、25 項和 8 項，其中已進入試生產、部分投產或投產階段的項目分別為 13 項、15 項和 3 項。

表 10-1　部分省（直轄市）工業強基工程推進情況

省（市）	主要政策	關鍵措施或進展
江蘇	《江蘇省工業強基工程三年實施方案》《江蘇省工業強基工程重點項目計劃（2016—2018 年）》	截至 2018 年 2 月，累計培育國家級企業技術中心 105 家；實施工業強基工程，推進總投資近 1000 億元的 80 個重點項目建設，9 家企業中標國家強基項目；22 家企業（產品）被認定為國家製造業單項冠軍示範企業（產品）
福建	《福建省工業強基工程實施方案（2016—2020 年）》	2017 年，組織實施關鍵基礎材料領域項目 18 項，全年累計完成投資 15 億元，13 個項目已進入試生產、部分投產或投產階段；組織實施核心基礎零部件（元器件）領域項目 25 項，全年累計完成投資 47.5 億元，15 個項目已進入試生產、部分投產或投產階段；組織實施先進基礎工藝領域項目 8 項，全年累計完成投資 1.6 億元，3 個項目已進入試生產、部分投產或投產階段
浙江	《浙江省產品升級與工業強基工程實施方案》《浙江省重點產業關鍵共性技術指導目錄》	每年組織實施 100 項左右省級產品升級換代示範項目。開發一批高性能、高可靠性、智能化的傳感器芯片、汽車電子專用芯片、智能電網控制芯片、工業控制芯片等專用電子產品，突破磁性材料、氟硅新材料、高性能纖維材料及產業用纖維材料等領域關鍵技術
重慶	《重慶市工業強基工程實施方案》	突破了一批關鍵核心技術：材料研究院實現核電技術關鍵傳感器及儀錶組件國產化，長安汽車「以塑代鋼」輕量化技術開發體系打破外資企業技術壟斷，重慶鋼鐵研究院高溫合金管材產品成功配套中航工業等飛機發動機產品

續表

省（市）	主要政策	關鍵措施或進展
遼寧	《遼寧省工業強基工程實施方案（2016—2020 年）》《遼寧省工業「四基」發展目錄》	遼寧忠旺集團、遼寧新風企業集團、撫順特鋼集團等 9 家企業的強基項目填補了國內空白，達到世界領先技術水平
上海	《上海市工業強基工程實施方案（2017—2020）》《上海市工業「四基」發展目錄（2017—2020）》《上海市工業強基專項支持實施細則》	計劃推動 40 種標誌性核心基礎零部件（元器件）、20 種標誌性先進製造工藝、30 種標誌性關鍵基礎材料實現工程化、產業化突破；建立 5—10 個國家級產業共性技術研發平台和試驗驗證、計量測試、檢測平台，培育和打造 10—20 個市級研發、試驗、檢測公共平台
湖北	《湖北省工業強基工程實施方案（2016—2020）》	計劃推動約 80 種標誌性核心基礎零部件（元器件）、約 70 種標誌性關鍵基礎材料、20 項左右標誌性先進基礎工藝實現工程化、產業化突破。先進軌道交通裝備、信息通信設備、高檔數控機牀和機器人、電力裝備領域的「四基」問題率先解決。培育 100 家左右年銷售收入超過 10 億元、具有國際競爭力的「小巨人」企業；形成 10 個左右具有國際競爭力、年銷售收入超過 300 億元的基礎產業集聚區
廣東	《廣東省工業企業技術改造三年行動計劃（2018—2020 年）》	圍繞關鍵基礎材料、核心基礎零部件（元器件）、先進基礎工藝和產業技術基礎，推廣應用先進製造工藝，加強計量測試技術研究和應用，實施工業基礎能力提升的工業強基工程
陝西	《陝西省 2016 年工業強基工程實施方案》	選擇 8 戶對全省工業強基具有引領作用的示範企業，突破技術瓶頸，趕上或接近世界先進水平，帶動和引領全省工業強基企業追趕超越，到 2020 年，工業強基示範試點企業達到 30 戶，組織實施 70 項強基項目，力爭攻克一批關鍵核心共性技術

資料來源：根據相關資料與實地調研情況整理。

　　應該說，通過工業強基工程，近些年中國的工業基礎能力得到一定程度的提升，效果顯著。但是，總體而言，提高中國工業基礎能力，還有很長的路要走。實際上，中國各級政府推進工業強基工程具有一定的盲目性，因為中國還缺少像美國那樣的連續性的工業基礎評估制度和方

法，真正對中國龐大的工業基礎了解還不科學充分。美國每年要進行兩次工業基礎調研和評估，分別由國防部和商務部從軍民兩個層次推動。美國國防部的製造業與工業基礎政策辦公室（MIBP）從 1997 年開始引入工業基礎的年度評估，並每年提交《年度工業能力報告》；2011 年起開始引入評估框架，有效地規範了工業基礎調研的方法。美國商務部產業安全局技術評估辦公室每年也會啟動工業基礎調查，評估工業基礎能力，分析核心產品和技術的外國掌握情況，幾十年來，該局已經提交了 70 多份研究報告。而中國相關的工業基礎能力調查更多的是融入經濟普查中，2004 年開展了全國第一次經濟普查，2018 年開始進行第四次經濟普查。這無論是從次數還是從針對性和全面性上看，都與美國的工業基礎調查不可同日而語。因此，重視中國工業基礎能力提升，當前最急迫的是建立工業基礎評估的制度和方法。在當前中美貿易摩擦的背景下，建立工業基礎評估的制度更為急迫，通過工業基礎評估，中國可以把握工業的創新鏈、供應鏈、產業鏈和價值鏈分佈，對建立彈性供應鏈以及在與美國貿易摩擦中佔據主動地位具有重要的意義。

第 十 一 章

戰 略 與 政 策

2015 年 5 月 19 日，中國正式發佈《中國製造 2025》，這是一個製造強國建設的 10 年行動綱領，也意味着中國開始全面部署實施製造強國戰略。中國製造強國戰略本身是一種產業政策，而要實施製造強國戰略，還要進一步通過產業政策體系來實現。截止到 2016 年年底，《中國製造 2025》的「1 + X」規劃體系全部完成，這意味着已經形成了圍繞製造強國建設的一系列產業政策體系，中國的製造強國戰略從提出部署轉入全面實施的新階段。但是在推進製造強國戰略過程中，也面臨一些問題，支持製造強國戰略的政策體系也需要進行一些動態調整。

一、認識中國的產業政策

在經典的西方教科書中，財政政策、貨幣金融政策、收入分配政策、國際貿易政策、農業政策、勞動政策、反壟斷政策等構成了經濟政策體系的核心內容，產業政策難見蹤影。[1] 產業政策產生於 20 世紀 50 年代日本的實踐，隨着對日本「經濟奇蹟」的影響，歐美等發達國家也逐步關注產業政策，到 20 世紀 70 年代 OECD 開始研究其成員國的產業政

1　演化經濟學給產業政策提供了一個更包容的視角，創新政策、研發政策、技術政策、教育政策、貨幣和財政政策、投資政策、貿易政策、競爭政策、行業管制、中小企業政策等，都可以納入演化經濟學的產業政策分析框架；但演化經濟學近年來雖然發展迅速，卻還未進入經濟學主流。具體參閱馬本、鄭新業《產業政策理論研究新進展及其啟示》，《教學與研究》2018 年第 8 期。

策問題，產業政策這個概念也逐步在世界範圍內被人們所接受。關於日本產業政策的評價一直存在各種爭議，有人將日本 20 世紀中期的「經濟奇蹟」歸結於產業政策，也有人認為產業政策的「主刀」通產省「臭名昭著」。尤其是進入 20 世紀 70 年代以後，隨着日本經濟高速增長進入尾聲，日本經濟學界出現了大量對產業政策反思的研究。

日本的產業政策被引進中國學術界，已有 30 多年的歷史。1985 年 4 月中國人民大學出版社出版的《產業經濟學導論》對日本產業政策進行了系統全面的介紹；1986 年 2 月楊沐等在《經濟研究》撰文從加強供給管理角度提出中國要儘快研究和實施產業政策，並對中國產業政策的重點和應注意的問題進行了詳細分析。實際上，當時學界呼籲對日本產業政策的引入，不僅僅符合了加速中國工業化進程、促進經濟快速增長的需要，恰好也符合了中國在計劃經濟逐步退出後的政府繼續主導資源配置、管理產業與企業的需要。

一般而言，產業政策是政府為解決產業結構失衡和層次低等經濟發展中的問題，實現產業轉型升級和優化發展，促進經濟快速增長和發展而制定和實施的相關政策措施，是一種相對長期的、供給側管理的經濟政策。從日本的實踐看，產業政策具有政府干預產業部門之間和產業內部資源配置，但又要強調儘量避免政府直接介入資源配置，目標是追求經濟快速增長的基本特徵。正是由於產業政策所具有的為了實現經濟快速增長政府干預產業部門資源配置的這個特徵，產業政策很容易陷入自由市場主導和政府主導兩種意識形態之爭。其實，當前中國經濟學界關於要不要產業政策的爭論也沒有逃脫這種意識形態之爭。而且，由於產業政策在操作層面要求既要政府干預資源配置又要儘量避免直接介入資源配置，這個「度」把握十分困難，因此是否存在合意的產業政策也就容易引起質疑。[1]

1　黃群慧：《中國產業政策的基本特徵與未來走向》，《探索與爭鳴》2017 年第 1 期。

現在，中國的產業政策已經發展成為形式多元、層級眾多、內容複雜的龐大的政策體系，包括政策、法令、條例、措施、規劃、計劃、綱要、指南、目錄指導、管理辦法和通知等，甚至政府工作報告、部門決議、會議紀要、領導批示等也會發揮實質性的影響；迄今為止，經過多年的實踐，中國的產業政策已經發展為一套動態複雜的政策組合，包括產業結構政策、產業組織政策、產業佈局政策和產業技術政策等各類政策。其中，產業結構政策是按照產業結構的發展規律推進產業結構高級化，進而實現國民經濟發展的政策；產業組織政策是為了實現產業組織合理化，形成有效的公平的市場競爭創造條件的政策；產業佈局政策是促進生產要素區域配置合理化、高效化而實施的各類政策，例如各類園區政策可以歸為這種產業佈局政策；產業技術政策是指國家制定的用以引導、促進和干預產業技術進步的政策的總和。雖然現實中常常發生衝突，但從理論設計上說，這四種政策應該是相互配合的，其政策機制應該是相容的。而且，中國在不同的發展階段和不同的政府層面，其產業政策中這四類政策的具體內涵有差異，產業政策的重點也不同，體現了產業政策組合的動態性。

這裏羅列了一些頗具代表性的產業政策：1989 年 3 月國務院發佈《國務院關於當前產業政策要點的決定》（國發〔1989〕29 號）指出制定正確的產業政策、明確國民經濟各個領域中支持和限制的重點，是調整產業結構、進行宏觀調控的重要依據。產業政策的制定和實施有利於把改革與發展、計劃與市場有機地結合起來，對於促進中國國民經濟的長期穩定發展具有重要的意義。1997 年 12 月經國務院批准，國家發展和改革委員會發佈《當前國家重點鼓勵發展的產業、產品和技術目錄（試行）》，2000 年 7 月又對此目錄進行了修訂；2002 年 6 月國家經濟貿易委員會、財政部、科學技術部、國家稅務總局聯合發佈《國家產業技術政策》，2009 年 5 月工業和信息化部聯合其他部委再次發佈《國家產業技術政策》，該政策以推進中國工業化和信息化為核心，促進相關產業

的自主創新能力提高，實現產業結構優化和產業技術升級；2005 年 11 月國務院關於發佈實施《促進產業結構調整暫行規定》的決定；2005 年 12 月經國務院批准國家發展和改革委員會發佈《產業結構調整指導目錄（2005 年）》，2011 年 3 月、2013 年 2 月和 2016 年 3 月又分別對這個目錄進行了修改；在 2008—2009 年金融危機期間，為應對國際金融危機對中國實體經濟的影響，由國家發展和改革委員會與工業和信息化部，會同有關部門發佈了鋼鐵、汽車、船舶、石化、紡織、輕工、有色金屬、裝備製造業、電子信息以及物流業十個重點產業調整和振興規劃，成為應對國際金融危機，保增長、擴內需、調結構的一項重要措施。[1]

　　從產業內容上看，中國產業政策重點是政府通過補貼、稅收、法規等形式直接支持、扶持、保護或者限制某些產業的發展，以加快產業結構轉型升級、實現經濟趕超，往往傾向於扶持國有大型企業、鼓勵企業兼併提高集中度、抑制產能過剩和防止過度競爭、補貼戰略性新興產業和激勵技術創新等，這更多地可以歸類為選擇性產業政策或縱向產業政策，而且實施力度比較強。而有關通過人力資源培訓、研發補貼、市場服務等形式完善整體產業發展基礎功能進而提高產業競爭力的產業政策，即所謂的功能性產業政策或者橫向產業政策採用相對較少。具體而言，中國產業政策的主要工具有兩大類，一是控制市場准入的限制性審批，審批原則是有保有壓、扶優扶強，審批範圍涵蓋所有重要產業，審批的內容深入各個技術經濟環節；二是認定新興產業或戰略產業，通過稅收減免、土地供應等優惠鼓勵其發展。從政策手段看，包括稅收減免優惠（企業所得稅、增值稅減免，進口環節的關稅和增值稅減免等）、直接財政補貼（研發的直接補貼、資本金注入、貸款貼息、通過各類投資基金進行股權投資、土地使用補貼等）、技術改造和設備更新激勵（技改貼息貸款、縮短折舊年限、先進設備進口稅收減免等）、特殊許可收

1　黃群慧：《改革開放 40 年中國產業發展與工業化進程》，《中國工業經濟》2018 年第 9 期。

費（針對基礎產業的特許收費、價外徵稅等）、與貿易有關的投資措施（外資企業採購的國產化比例要求）、出口導向和進口替代補貼、政府定價轉移類補貼等。

　　從實施效果看，雖然實證研究對於中國產業政策的有效性有着不同的結論，例如有實證研究認為產業政策的出台和實施顯著地促進了地方產業結構的合理化和高端化，也有實證研究認為產業政策的實施會降低資源配置效率，但是迄今為止中國實現了快速工業化進程和高速經濟增長，這已經客觀表明中國產業政策總體是成功的，產業政策總體上對中國快速推進工業化進程、促進產業轉型升級、實現經濟趕超發揮了重要作用。但是，中國的產業政策也存在干預市場和影響市場機制形成的問題，長期效果與短期效果有矛盾。例如，近些年的新能源汽車補貼政策，由於對新能源汽車激勵力度過強，出現了大面積「騙補」的問題。實際上，選擇性很強的產業政策的確會產生較多的負面問題，例如政府確定的產業方向和技術路線不符合市場需求從而造成巨大的損失；又如由於強激勵造成企業一哄而上、迅速形成過度競爭和產能過剩；另外還會由於政府對資源配置的權力過大而導致尋租和腐敗行為等。

　　與日本在經歷高速增長後的 20 世紀 70 年代後期開始反思產業政策的背景有些相似，當前中國已經步入了工業化後期，經濟呈現出增速趨緩、結構趨優、動力轉換的經濟新常態特徵，中國也到了認真反思長期以來所實施的強選擇性的產業政策的時候了。從工業化進程看，在工業化初中期階段，出於後發國家趕超的需要，選擇性產業政策的確發揮了重要的作用，尤其是扶大限小對促進重化工主導產業的發展作用明顯。但是，在進入工業化後期以後，中國進入從要素驅動向創新驅動的經濟新常態，經濟增速從高速轉為中高速，模仿型排浪式消費階段基本結束，低成本比較優勢不可持續，市場競爭從低成本轉向差異化，通過引進、模仿及學習得到的後發優勢將逐漸耗盡，要素規模驅動力減弱，經濟增長將更多依靠人力資本質量和技術進步。這種背景下，中國長期以

來習慣採用的強選擇性產業政策的不適應越來越突出，以激勵完善市場競爭秩序、激勵創新為基本導向的功能性產業政策的意義更為顯著；按照產業結構、產業組織、產業佈局和產業技術政策的分類，直接干預產業結構形成的產業結構政策的重要性日益下降，而強調產業組織合理化的產業組織政策、激勵創新的技術創新政策意義更加突出。

同樣，從中國的市場化改革進程看，經過了 30 多年的市場化改革，中國的市場化體系也日漸完善，產業政策作為政府調控經濟的手段也需要發生變化。2015 年 10 月 12 日《中共中央國務院關於推進價格機制改革的若干意見》發佈，《意見》明確指出，要加強市場價格監管和反壟斷執法，逐步確立競爭政策的基礎性地位；加快建立競爭政策與產業、投資等政策的協調機制。這意味着，從市場化改革的要求看，競爭政策是基礎地位，而產業政策要與競爭政策協調，長期以來中國一直實施的政府選擇、特惠措施為主的產業政策取向，在新時期要轉向普惠性、促進公平競爭和科技進步的產業政策取向，從而促進競爭政策基礎地位的逐步實現。

從中國製造業發展看，既有的產業政策必須根據新的環境和戰略部署在政策作用對象、政策工具和政策作用機制等方面及時進行調整，通過更加合理的產業政策體系、科學的產業政策內容和有效的產業政策執行機制，促進中國製造業發展。表 11-1 羅列了未來中國針對製造業發展的產業政策調整的主要內容。

二、製造強國戰略的提出

2015 年 5 月 19 日，中國對外正式公佈了《中國製造 2025》，這是一個針對中國製造業最為全面的、綱領性的產業政策。《中國製造 2025》本質是中國為了應對新工業革命浪潮、學習世界發達國家通用做法、根據自己的工業發展階段而提出的製造業升級規劃。出台這個重大的製造業戰略規劃，至少有以下兩個方面的背景。

表 11-1　中國製造業產業政策未來調整的主要內容

政策與領域		以前政策重點	未來調整方向
研發扶持政策	扶持領域	大規模生產和組裝、技術改進	複雜產品集成、「工業四基」、科技基礎設施建設
	扶持方式	事後扶持	事前扶持
技術改造政策	扶持領域	設備購置補貼	大企業的「母工廠」建設 中小企業工藝提升
	扶持和服務方式	資金扶持	資金扶持＋現場管理和技能提升服務 提高評估過程透明度
產業組織政策	重點扶持對象	大型企業	前沿技術突破的大企業 創業企業和高技術中小企業
	企業主體	國有企業主要作為產業政策工具	更好地發揮國有企業對市場經濟的補充和增強作用（戰略性、公益性）
區域政策	區域間競爭標的	經濟規模	可持續增長能力
	區域間競爭方式	要素價格扭曲	經營環境改善，公共服務能力提升
開放政策	國際直接投資政策重點	引進來	走出去，整合利用全球高端要素
	貿易政策	擴大出口	關注結構性的市場，特別是高端市場出口
人才政策	政策重點	精英型管理人才和研發人才	精英型管理人才和研發人才 工程師和高技能工人
	技能提升	以技校為主體的通用技能培訓	「技校＋研究型大學＋企業＋公共服務機構」的終身學習制度

資料來源：根據黃群慧、李曉華《中國工業發展「十二五」評估和「十三五」戰略》整理，《中國工業經濟》2015 年第 9 期。

第一方面是應對新工業革命的需要。20 世紀下半葉以來，世界一直孕育和發展着以信息化和工業化融合為基本特徵的新一輪科技和產業革命，顛覆性技術不斷湧現，產業化進程加速推進，新的產業組織形態和商業模式層出不窮。任何一個國家都不想在新一輪工業革命中被拋

棄。國際金融危機以後，面對新工業革命的浪潮，世界各國紛紛推出自己的「再工業化戰略」，如美國發佈了「美國製造業復興法案」「先進製造業夥伴計劃」「先進製造業國家戰略」以及「製造業創新網絡計劃」等多個支持製造業發展的戰略計劃或政策法案，德國提出了「工業4.0」，法國提出了「新工業 34 項計劃」，等等，以應對新工業革命的挑戰。在這種背景下，中國作為一個產出總量居世界第一的工業大國，需要學習發達國家的做法，積極應對新工業革命的挑戰，推進中國製造業升級。

第二方面是中國製造業本身轉型升級發展的需要。進入「十二五」以後，中國整體已經步入工業化後期。與工業化階段變化相適應，中國的基本經濟國情也已經從一個農業經濟大國步入工業經濟大國，中國已經成為世界上工業規模最大的國家。但是，從工業增加值率、勞動生產率、創新能力、核心技術擁有、關鍵零部件生產、所處全球價值鏈環節、高端產業佔比等各方面衡量，中國的工業是大而不強的，中國是工業大國而不是工業強國。工業化後期對中國通過技術創新驅動產業結構轉型升級提出了新要求，而工業尤其是製造業既是技術創新的來源方又是技術創新的應用方，沒有製造業從大到強的轉變，整個經濟就無法實現轉型升級。因此，實施製造強國戰略、推進製造業從大到強的轉變是中國深化工業化進程、實現工業化夢想的必然要求。

正是基於這樣的認識，中國提出了以《中國製造 2025》為 10 年行動綱領的製造強國戰略。《中國製造 2025》是一個具有全局性、系統性、長期性、國際競爭性的戰略規劃文本，是着眼於國內國際經濟社會發展、產業變革的大趨勢制定的一個長期的戰略性規劃和高端產業、技術進步的路線圖。該規劃以應對新一輪科技革命和產業變革為重點，以促進製造業創新發展為主題，以提質增效為中心，以加快新一代信息技術與製造業融合為主線，以推進智能製造為主攻方向，以滿足經濟社會發展和國防建設對重大技術裝備需求為目標，通過實施國家製造業創新中

心建設、智能製造、工業強基、綠色製造、高端裝備創新五大工程，明確未來發展新一代信息技術、高檔數控機牀和機器人、航空航天裝備、海洋工程裝備及高技術船舶、先進軌道交通裝備、節能與新能源汽車、電力裝備、農機裝備、新材料、生物醫藥及高性能醫療器械十大重點領域，從而促進產業轉型升級、實現中國從工業大國向工業強國的轉變。《中國製造 2025》提出了中國實現製造強國戰略分「三步走」的戰略目標：第一步，到 2025 年，力爭用 10 年的時間邁入製造強國行列；第二步，到 2035 年，中國製造業整體達到世界製造強國陣營的中等水平；第三步，到中華人民共和國成立一百周年時，製造業大國地位更加鞏固，綜合實力進入世界製造強國前列。

　　作為製造強國戰略第一步行動綱領的《中國製造 2025》，其全面實施的前提是細化的規劃體系和支撐政策。隨後的一年多時間裏，各相關部委分別發佈了《中國製造 2025》重點領域技術路線圖，製造業創新中心建設、智能製造、工業強基、綠色製造、高端裝備創新五大工程的實施指南，發展服務型製造、促進製造業質量品牌提升的兩個專項行動指南，醫藥工業、新材料產業、信息產業的三個產業發展指南以及製造業人才發展規劃指南，共 11 個規劃指南，另外國務院還印發了《關於深化製造業與互聯網融合發展的指導意見》、中國人民銀行等相關部委印發《關於金融支持製造強國建設的指導意見》等政策文件。隨後，各級地方政府也開始根據本地製造業發展狀況出台本地落實《中國製造 2025》的地方性發展規劃。3 年來，以《中國製造 2025》和「1 + X」政策體系為指導，聚焦五大工程和重點標誌性項目，全國推進了各類試點，製造強國戰略的實施全面鋪開。[1]具體有關《中國製造 2025》的實施框架圖如圖 11-1 所示。

1　黃群慧：《全面實施製造強國戰略新階段》，《經濟日報》2017 年 5 月 19 日。

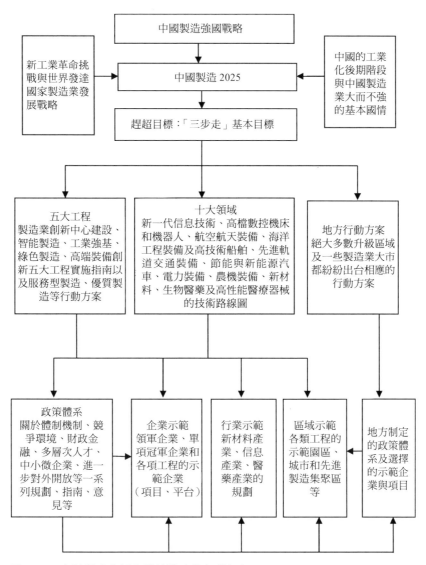

圖 11-1　中國製造強國建設的戰略與行動框架
資料來源：該圖係作者根據相關資料整理而成。

　　雖然《中國製造 2025》提出和實施時間不長，但製造強國戰略對於製造業發展和中國經濟轉型升級的重要意義已開始顯現。《中國製造 2025》在中國全面實施，製造業創新中心建設取得積極進展，創新能

力不斷提升；智能製造得到高度重視，製造業的數字化網絡化程度不斷
提升；圍繞核心基礎零部件（元器件）、關鍵基礎材料、先進基礎工藝
和產業技術基礎的工業強基工程為重大工程建設和重點產業的發展提供
了有力支撐；綠色製造理念得到普及，綠色製造體系建設逐步深入；高
端製造工程也取得了顯著進展，高端裝備創新成果日益增多。另外，服
務型製造發展迅速，由於工業融合而產生的新模式、新業態不斷湧現。
總體而言，中國製造業轉型升級明顯加快，製造業的綜合實力得到有效
提升。一些重大的製造業創新成果取得突破。例如，成功研發了中國首
款柔性複合工業機器人並實現了年產 50 台生產能力，首架國產大飛機
C919 試飛成功，世界最大單體射電望遠鏡建成，世界最大基因庫投入運
營，「神舟十一號」與「天宮二號」完成交會對接，首艘國產航母下水，
高精度數控齒輪磨牀、多軸精密重型機牀、數控衝壓生產線等產品躋身
世界先進行列，自主研製的「海鬥」號無人潛水器使中國成為繼日本、
美國之後第三個擁有研製萬米級無人潛水器能力的國家，AG600 水陸兩
棲大型滅火救援飛機成功在水上實現了首飛，等等。同時，還啟動了航
空發動機及燃氣輪機、高檔數控機牀與基礎製造裝備、無線移動通信、
核心元器件、高檔芯片和基礎軟件等一批重大專項。

　　製造業是強國之基、興國之器、立國之本，製造強國戰略對中國經
濟長期穩定發展具有重大意義。製造強國戰略的意義絕不僅僅在於製造
業發展本身，更為重要的是製造業發展所體現的對整體經濟發展的創新
驅動價值。3 年多的製造強國戰略實施，對於中國經濟新舊動能轉換、
經濟結構優化發揮了重要作用。中國正處於中等收入階段，東亞國家的
經驗和拉美國家的教訓都表明，要避免陷入「中等收入陷阱」，必須持
續不斷地圍繞製造業全要素生產率提升推進產業結構的優化升級。中醫
藥製造業，航空、航天器及設備製造業，電子及通信設備製造業，計算
機及辦公設備製造業，醫療儀器設備及儀器儀錶製造業，信息化學品製
造業這六大高技術製造業增加值增速更是高於製造業總體增速，2015

年、2016 年、2017 年和 2018 年增速分別為 10.2%、10.8%、13.4%、11.7%，分別高於當年整體經濟增速 3.3 個、4.1 個、6.5 個、5.2 個百分點，充分體現了製造強國建設對整體經濟發展的重要意義。

進入 2018 年以後，美國政府出於對中國技術進步和製造業發展打壓的目的，針對《中國製造 2025》提出了政府補貼、強制技術轉讓等種種非難，針對這些指責，有必要進一步明確有關《中國製造 2025》的四方面認識。

首先，《中國製造 2025》本質是中國為了應對新工業革命浪潮、學習世界發達國家通用做法、根據自己的工業發展階段而提出的製造業升級規劃。《中國製造 2025》主攻「智能製造」，與美國「先進製造業夥伴計劃」主攻「工業互聯網」、德國「工業 4.0」主攻「物理信息系統（CPS）」，並沒有什麼區別。《中國製造 2025》確定十大重點領域，也與美國「先進製造業夥伴計劃」確定了的新一代機器人、先進材料、金屬加工、生物製造和替代能源等領域相似，目的都是引導未來產業發展方向。

其次，無論是制定《中國製造 2025》還是實施《中國製造 2025》，中國始終秉持市場主導原則。「市場主導、政府引導」是《中國製造 2025》的首要原則。中國政府選擇市場主導原則推進《中國製造 2025》，並不是來自什麼外部壓力，而是中國政府堅信，沒有市場主導原則，中國不可能實現中國製造業轉型升級和有效應對新工業革命挑戰。中國已經進入工業化後期，進入從要素驅動轉向創新驅動的經濟新常態，這種背景下，堅持市場在資源配置中起決定性作用的市場主導原則，堅持完善市場競爭秩序的競爭政策的基礎性地位，更有利於激勵創新，也更能夠促進中國製造業升級和順應新工業革命。美國《對華 301 調查報告》所指責的──無論是《中國製造 2025》中提出了一些「自主保障比例」的指標要求，還是學界專家編制《中國製造 2025，重點領域技術創新綠皮書──技術路線圖（2017）》提到的市場佔有率、自主化率等目標──都只是一個預測性、信息引導性指標，都不是政府設定的政策目

標，不具有任何強制性，也沒有與政府的相關政策、資金投入等掛鈎。這只是堅持市場主導原則下的政府引導，這種做法在國外也並不鮮見。

再次，《中國製造 2025》要通過提升技術創新能力推進中國製造業從大到強的轉變，但這個過程中中國政府的關鍵作用是打造開放協同的技術創新生態系統，而不是直接插手技術轉讓。雖然也採用補貼、稅收優惠、貼息等形式的扶持性政策，但主要針對切實的前沿技術、新興技術、共性技術和中小企業的創新領域。其實在美國「製造業創新網絡計劃」中，也提出要在若干重點領域建設「超過 15 個國家製造業創新研究所（IMI）」，聯邦政府「將在項目啟動的 5—7 年間給予 7000 萬至 1.2 億美元不等的資金」。《中國製造 2025》也提出要建設製造業創新中心，目的就是在市場難以有效發揮作用的領域，通過政府的引導加快實現突破。中國政府推進《中國製造 2025》，對內外資企業是一視同仁的。已有多家美國企業參與到《中國製造 2025》的實施中，如美國佐治亞理工與國家增材製造創新中心合作開展聯合研究和人才培養，GE 公司與哈爾濱電氣集團在燃氣輪機製造領域開展合作。在組建製造業創新中心方面，國家動力電池創新中心與加拿大西安大略大學共同組建聯合實驗室，國家增材製造創新聯盟已有 3 家海外成員單位。在智能製造方面，南通中遠川崎船舶工程有限公司的「船舶製造智能車間試點示範」被列為智能製造試點示範項目。

最後，需要強調，雖然美國挑起了中美貿易摩擦，對《中國製造 2025》發起了各種非難，但是中國必須清醒認識到，製造強國戰略對中國經濟發展的重大意義沒有改變。

三、製造強國戰略的調整

雖然以《中國製造 2025》為核心的製造強國戰略實施 3 年多來，對中國製造業從大到強的轉變發揮了重要的作用，取得了顯著的成就，但

是，從更有效應對中國製造業發展面臨的新挑戰新約束、彌補調整《中國製造 2025》存在的不足和缺陷兩個角度，對中國製造強國戰略的重心進行調整具有必要性和緊迫性。既符合歐美新的國際貿易投資訴求中的合理成分，又能夠有效促進中國製造業核心能力提升和中國製造業高質量發展，是中國製造強國戰略調整的基本方向。將製造強國戰略的重心進行調整，這不僅僅是因為中美貿易摩擦的影響，更因為《中國製造 2025》實施中也存在一些問題，需要及時修正。中國製造強國戰略要從強調《中國製造 2025》轉向強調製造業高質量發展，在必要的時候推出「中國製造業高質量發展戰略規劃」，充分吸收《中國製造 2025》有價值的科學內涵，全面體現創新、協調、綠色、開放和共享新發展理念的要求，這具體體現在以下四個方面。

第一，在總體戰略導向上，要弱化「對標」或「趕超」歐美日，強化突出通過統籌部署構築中國製造業的核心能力，為全球製造業發展做出中國的原創性貢獻。

全球工業發展的歷史經驗表明，英、德、美、日等國家躍遷成為工業強國的過程，都不是領先國家工業競爭能力的簡單重複和照搬，而是不同於領先國家的獨特工業能力的構建過程——德國創造了公司研發中心組織結構，美國獨創了大規模生產和現代公司制，日本發展了精益製造。中國建設工業強國也必然能夠為人類工業發展貢獻獨特的技術能力和制度模式。「構築中國製造業核心能力」的政策導向，對外體現了中國通過原始創新與全球工業國家共同推動人類技術進步和產業發展的願景，對內容易凝聚各級政府和廣大企業形成實現中國製造業更高質量發展的戰略抱負。

第二，在總體發展思路上，弱化重點產業和領域選擇，突出新一輪工業革命背景下的通用技術創新和產業統籌部署。

新技術浪潮和新工業革命是當前世界各國面臨的共同挑戰。為了更加有效地應對技術變革，美、德、日、英、法等工業強國都頒佈了系統

的規劃和產業政策。但與中國的《中國製造2025》不同，這些國家的戰略和政策在文本的具體表述方面，都不涉及政府重點支持特定產業和領域發展等內容。中國新的製造業總體規劃應借鑒美、德、日等國家的經驗和普遍做法，在戰略任務的擬定方面，一是強調推進製造業數字化、智能化、網絡化應用所涉及的通用技術和智能技術的原始創新和技術突破；二是強調對於新技術創新和應用（而非產業）的統籌部署。例如，在促進5G技術創新和應用方面，應當避免使用支持特定5G領域的發展等表述，而強調通過促進5G應用場景發展、基礎設施投資、參考架構建設等內容，完善5G創新鏈和產業生態的任務導向。

第三，在具體重點任務上，在強調技術創新導向的智能製造、綠色製造和高端製造的同時，更加突出管理創新導向的服務型製造和製造業品質革命。

在當今新工業革命的背景下，中國製造業高質量發展的方向無疑也是製造業的智能化、綠色化和高端化，這需要我們不斷通過科技創新、提高科技創新能力，大力發展智能製造、綠色製造和高端製造，促進中國製造業抓住當今世界新工業革命的重大機遇。但是，對於中國大多數製造業的發展而言，德國「工業4.0」所倡導的物理信息系統（CPS）還相對遙遠，很多產業的技術基礎還不具備，而推進製造業與服務融合的服務型製造以及推進中國製造業品質提升的任務則相對更有緊迫性和現實意義。在當今時代，製造服務化也是製造業轉型升級的一個重要方向，製造企業從注重生產和產品逐步向注重「產品＋服務」的趨勢發展和演進，這極大地促進了製造業附加值的提升，進而促進了製造業全要素生產率的提升和高質量發展。另外與國外發達工業國家不同，中國的製造業品質問題還沒有實質性地全面解決，通過製造業品質革命全面提升製造業產品和服務的品質，是中國成為製造強國所必須補上的重要一課。

第四，在具體政策措施上，弱化選擇性產業政策，突出既有利於促進中國製造業效率和能力提升，又具有競爭中性特徵的產業政策和競爭

政策，促進產業政策靈活適應 WTO 等國際競爭規則。

《中國製造 2025》針對中國產業共性關鍵技術和前沿技術缺乏、技術轉移擴散和商業化應用不夠提出「製造業創新中心建設工程」，針對中國在核心基礎零部件（元器件）、關鍵基礎材料、先進基礎工藝和產業共性基礎技術方面存在的巨大差距提出了「工業強基工程」，針對適應綠色製造、高端製造和智能製造的未來發展趨勢提出了「綠色製造工程」「智能製造工程」和「高端裝備創新工程」，並明確了中國製造業發展的十大重點領域，這些工程項目的本質是為了解決表現為關鍵核心技術受制於人、高端產業發展不足的中國製造業大而不強的問題；而製造業大而不強問題的根源在於創新能力不強，因此落實《中國製造 2025》的關鍵在於培育和提升製造業的創新能力，實現從「跟隨創新」向「領先創新」的轉變。也就是說，製造強國建設核心是技術創新能力的提升，相比具體產業而言，創新能力是動態的、可持續的和根本的。相對於選擇性產業政策更注重於有針對性地補貼具體的產業而言，功能性產業政策更強調建設產業發展的廣義基礎設施（包括物質性基礎設施、社會性基礎設施和制度性基礎設施），推動和促進技術創新和人力資本投資，維護公平競爭，降低社會交易成本，創造有效率的市場環境，從而完善技術創新生態系統，進而提升整個產業和國家的創新能力。因此，功能性產業政策更符合《中國製造 2025》的目標。

具體而言，推進製造強國建設的功能性產業政策重點有以下幾點。一是應該放在促進人力資源培育，發展多種形式的應用型職業教育上。二是實行普惠政策，廣泛減輕企業負擔，特別注重改善小微企業經營環境。三是激勵創新行為，促進產學研結合，加強對企業知識產權的法律保護。四是針對切實的前沿技術、新興技術和中小企業的創新領域，而非市場本身能夠較好解決的成熟技術或者具體產業，可以採用補貼、稅收優惠、貼息等形式的扶持性政策，統籌解決新興技術和前沿技術的研發、工程化和商業化問題。政府部門要對被補貼方採用嚴格的資金使用

和項目過程評估方法，從而確保資金的使用效率和透明度。政府扶持資金規模不應過大，主要發揮對企業或社會資金投入的「帶動」作用。五是在中國強選擇性產業政策對中國製造業創新發展的負面影響日益突顯的背景下，將公共資源更多投向新型製造業創新體系建設，包括針對目前國家（重點）實驗室的組織方式不能有效解決國家戰略性技術任務攻關的問題，建設獨立的、跨學科的、任務導向的新型國家實驗室；針對中國產業政策重結構化政策、輕合理化政策的問題，吸收美國製造業擴展項目和日本技術諮詢師項目經驗，推出中國的先進適用技術推廣應用項目和公共服務組織建設。六是同時鼓勵各地和企業靈活應用反補貼和反傾銷措施。儘管 WTO 規則的主要目標是為國際貿易創造公平競爭的機會，但從近幾年反傾銷和反補貼案例不斷攀升的趨勢來看，反傾銷和反補貼制度正在成為進口國推行貿易保護主義政策的工具。在實踐中，許多國家更傾向於轉而採用貿易救濟措施，達到其保護國內產業的目的，排斥進口產品，打擊國外的競爭對手。以美國《伯德修正案》為例，該法案要求美國政府把向外國公司徵收的反傾銷和反補貼稅款直接補貼給提起反傾銷或反補貼訴訟的美國公司，而不是上繳美國財政部。這一做法顯然在實質上是對美國公司的雙重保護，在客觀上也會起到鼓勵本國企業發起反傾銷和反補貼訴訟的誘導效果。這些措施都可以為中國吸收借鑒。

第十二章

走向高質量製造

　　黨的十九大報告指出，中國經濟已經從高速增長轉向高質量發展階段，這意味着長期以來中國推進的快速工業化戰略也需要轉型，需要從高速工業化轉型到高質量工業化。而中國製造業大而不強的特徵，更是需要推進中國製造從高速增長轉向高質量發展。2018 年 12 月召開的中央經濟工作會議將推動製造業高質量發展作為首要重點任務，走向高質量製造必然是中國製造的未來發展方向。

一、從高速工業化轉向高質量工業化

　　迄今為止，中國已經成功地推進了中國的高速工業化，正如習近平總書記在慶祝改革開放 40 周年講話中所指出的：「我們用幾十年時間走完了發達國家幾百年走過的工業化歷程。」[1] 在認識到中國工業化取得巨大成就的同時，我們必須看到相對於人民日益增長的對美好生活的需要，中國工業化進程還存在發展不平衡和不充分的問題。具體而言，這至少表現為以下四個方面。一是工業化進程的區域發展不平衡，一些區域的工業化發展不充分。由於梯度發展戰略，以及各個區域資源稟賦、工業發展基礎差異等原因，中國的工業化進程在不同地區發展極不平衡，總體上呈現出東部、中部和西部逐步降低的梯度差距。如我們在第

1　習近平：《在慶祝改革開放 40 週年上的講話》，2018 年 12 月 18 日，新華網（http://www.xinhuanet.com/politics/leaders/2018-12/18/c_1123872025.htm）。

二章所分析的，到 2015 年，上海、北京、天津已經步入後工業化階段，其他大部分東部省份處於工業化後期，而大部分中西部省份基本還處於工業化中期。二是產業發展的結構不平衡，創新能力和高端產業發展不充分。由於長期的低成本出口導向工業化戰略，中國自主創新能力還有待提升，這造成中國產業結構高端化水平不夠。一方面，鋼鐵、石化、建材等行業的低水平產能過剩問題突出並長期存在，存在大量的「殭屍企業」；另一方面，高端產業發展不夠和產業價值鏈高端環節佔有不足，關鍵裝備、核心零部件和基礎軟件等嚴重依賴進口和外資企業。三是實體經濟與虛擬經濟發展不平衡，高質量實體經濟供給不充分。隨着中國工業化步入後期階段，近些年中國經濟開始呈現「脫實向虛」的傾向，實體經濟在國民經濟佔比日益降低。實體經濟不僅增速下降，而且整體供給質量也亟待提升。雖然快速的工業化進程積累了大量的中國製造產品，但是，產品檔次偏低，標準水平和可靠性不高，高品質、個性化、高複雜性、高附加值的產品供給不足，製造產品總體處於價值鏈的中低端，缺乏世界知名品牌。實體經濟的這種供給質量無法有效滿足城市化主導的消費轉型升級，造成實體經濟供需失衡，這又進一步加大了實體經濟與虛擬經濟發展的不平衡。四是工業化速度與資源環境承載力不平衡，綠色經濟發展不充分。中國這個將近 14 億人口的快速工業化進程，給資源環境的承載提出了極大挑戰。雖然中國一直倡導實施環境友好型的新型工業化道路，但客觀上資源環境還是難以承受如此快速的大國工業化進程，環境污染問題比較突出，資源約束日趨緊張。為了解決工業化帶來的環境資源問題，大力發展綠色經濟是必然的選擇。但是中國在綠色經濟發展方面，無論是技術水平還是產業規模，都還有很大的發展空間。

　　黨的十九大報告提出：從十九大到二十大，是「兩個一百年」奮鬥目標的歷史交匯期，我們既要全面建成小康社會、實現第一個百年奮鬥目標，又要乘勢而上開啟全面建設社會主義現代化國家新征程，向第二

個百年奮鬥目標進軍。建設社會主義現代化強國，需要貫徹新發展理念，建設現代化經濟體系。所謂現代化經濟體系是具有現代性的經濟系統，當今時代現代性標準應該體現為以創新作為經濟增長的驅動力，具有集聚高水平要素和高效配置要素的體制機制，產業、區域、城鄉各經濟子系統相互協調，經濟系統動態開放，實現高質量可持續經濟發展目標等幾個方面。推動工業化進程也是形成經濟體系的過程，與過去追求高速增長的工業化道路不同，新時代要形成現代化經濟體系，必須推進高質量的工業化進程。也就是說，與經濟發展從高速增長轉向高質量發展相適應，中國的工業化戰略也需要實現從高速度工業化進程向高質量工業化進程的轉變，具體而言，這要求在以下五個方面着力。[1]

一是實現從投資驅動向創新驅動的工業化動力轉變。中國的工業化進程總體已經步入工業化後期，產業結構正面臨從資本密集型主導向技術密集型主導轉變，再加之在新一輪工業革命的背景下，世界各國也正在加速競爭高端產業的主導權，無論是中國自身現代化進程還是大的國際環境，都要求中國轉變經濟發展方式，實現創新驅動的經濟發展。具體而言，這要求通過深化供給側結構性改革和大力實施創新驅動戰略，建立工業化的創新驅動機制，促進中國產業高端化，進而形成創新驅動的高質量發展的現代化經濟體系。

二是圍繞實體經濟供給質量提升推動高質量工業化進程。快速的工業化進程，使中國成為一個世界性實體經濟大國，但中國還不是實體經濟強國，從企業、產業和產品各個層面中國實體經濟供給質量都有待提高，這還加重了近年來中國經濟「脫實向虛」傾向。因此，從快速的工業化進程向高質量工業化進程轉變，必須把着力點放在提高實體經濟供給質量上，這也正是供給側結構性改革的主攻方向，而建設現代化經濟體系所要求的實體經濟、科技創新、現代金融、人力資源協同發展的產

1　黃群慧：《從高速度工業化向高質量工業化轉變》，《人民日報》2017 年 11 月 26 日。

業體系，也要求以提高實體經濟供給質量為核心。

三是實現新型工業化與信息化、城市化和農業現代化的協同發展。高質量的工業化進程，必須是與信息化深度融合、促進農業現代化水平實現、與城市化協調發展的新型工業化。推進高質量工業化，當務之急是通過製造強國戰略，推動互聯網、大數據、人工智能和實體經濟深度融合，通過農村振興戰略促進第一、二、三產業融合發展，加大工業化對農業現代化支撐力度，處理好城市化與工業化的關係，讓城市化進程真正發揮對實體經濟轉型升級的需求引導作用。

四是以大力發展綠色製造業為先導推進可持續工業化。綠色製造將綠色設計、綠色技術和工藝、綠色生產、綠色管理、綠色供應鏈、綠色就業貫穿於產品全生命周期中，實現環境影響最小、資源能源利用率最高，實現社會效益、生態效益和經濟效益協調優化。綠色製造對於綠色經濟發展和可持續工業化具有重要的推動作用，是現代化經濟體系中的重要支撐部門。因此，推進高質量工業化，一定要通過開發綠色產品、建設綠色工廠、發展綠色園區、打造綠色供應鏈、壯大綠色企業、強化綠色監管等措施構建現代綠色製造體系，進而帶動整個工業化進程的可持續性。

五是通過區域協調發展戰略促進工業化進程的包容性。協調各區域生產要素配置，促進生產要素跨區域的有效流動，化解資源配置在地區間不平衡、不協調的結構性矛盾，是工業化進程包容性的基本要求，也是現代化經濟體系區域佈局的基本內容。黨的十九大報告在實施區域協調發展戰略部分中，首先強調加大力度支持革命老區、民族地區、邊疆地區、貧困地區加快發展，強化舉措推進西部大開發形成新格局，這無疑對提高中國工業化進程包容性具有重要意義。另外，隨着京津冀協同發展、長江經濟帶保護發展和東北老工業基地振興、中部地區崛起等重大區域發展戰略有效推進，資源要素在各區域配置更為合理，區域要素供給質量不斷提升，現代化經濟體系區域佈局將逐步形成。

二、中國製造的品質革命

　　經濟高質量發展的微觀基礎是更高質量的產品和服務，高質量發展階段就對中國製造的品質提出了更高要求。推進中國製造的品質革命，無論是對中國製造從大到強的轉變，還是對中國經濟高質量發展，都具有十分重要的意義。質量，在社會經濟中更廣泛地被認為是事物、工作、產品的滿足需要的優劣程度，在微觀層面，質量常被分為產品質量、服務質量、工程質量和環境質量等各個方面，基於 ISO9000 國際標準的界定，質量是一組固有特性滿足相關方要求的程度。質量和品質在大多數情況下可以是同義詞，只是品質往往可以直接用於描述人的品德。雖然也有人直接將「品質」理解為「品牌＋質量」，但這只是為了註解觀點和社會傳播的需要，並不是詞彙「品質」的本義。[1]

　　隨着世界工業化進程的深入，消費型社會日益成熟，人類社會對於生活品質和產品品質的要求越來越高，正如著名品質管理大師朱蘭曾預言，如果說 20 世紀是生產率的時代，那麼 21 世紀就是品質的時代。為了促進產品和服務品質的不斷提升，世界上眾多國家都把品質問題上升為國家戰略。美國曾在 20 世紀 80 年代出台《質量振興法案》，韓國在 1998 年提出《21 世紀質量趕超計劃》，德國和日本在趕超階段也都曾出台一系列提升品質的產業政策。目前約有 90 個國家設立了國家質量獎。國家質量基礎設施也越來越得到世界各國的普遍重視。製造業作為立國之本、興國之器、強國之基，其品質更是一國經濟發展質量和經濟競爭力的核心體現，世界製造業品質的競爭一直十分激烈，世界製造強國不斷通過技術創新和管理創新，持續提高製造產品的性能穩定性、質量可靠性、環境適應性、使用壽命等方面指標，追求處於國際領先水平。

1　因為本節論述的問題是中國製造的微觀質量問題，也就是一般意義的產品品質問題，本節多處運用「品質」一詞，以區分高質量發展的「質量」。

雖然中國已經發展成為製造業產出第一的世界製造大國，但是總體
上製造品質與其製造大國地位並不相配，這成為製造業大而不強的問題
的一個集中體現。中國製造產品大部分功能性常規參數能夠基本滿足要
求，但在功能檔次、可靠性、質量穩定性和使用效率等方面有待提高。
例如，美國和歐洲一些發達國家的產品平均合格率一般達到 4.5 sigma
（合格率 99.99932%），而中國總體為 2.5 sigma（合格率 98.76%）；中
國產品的一次合格率低，大型鍛件一次合格率僅為 70%，而日本、法國
均接近 100%；關鍵零部件可靠性不高，機械基礎件內在品質不穩定，精
度保持性和可靠性低，壽命僅為國外同類產品的 1/3—2/3。如圖 12-1
所示，2013—2017 年國內產品質量國家監督抽查合格率分別為 88.9%、
92.3%、91.1%、91.6%、91.5%，雖然 2014—2017 年保持了 90% 以
上的合格率，但總體上呈現下降的趨勢。

中國出口商品已連續多年居於歐盟、美國通報召回之首。製造企業
的品牌意識較為單薄、品牌化發展滯後，缺少一批具有國際競爭力和影

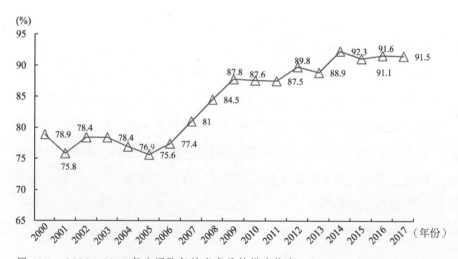

圖 12-1　2000—2017 年中國監督抽查產品抽樣合格率

資料來源：《質檢總局關於公佈 2017 年國家監督抽查產品質量狀況的公告》，國家市
場監督管理總局網站（http://spscjgs.aqsiq.gov.cn/xxgk_13386/jlgg_12538/zjgg/2018/201801/
t20180122_511618.htm）。

響力的自主品牌。全球知名品牌諮詢公司 Interbrand 發佈的 2016 年度「全球最具價值 100 大品牌」排行榜中中國製造業產品品牌只佔有兩席。「中國製造」的國際形象雖然近些年不斷提升，但總體還是偏低，與中國第一製造產出大國地位極不相稱，尤其是歐美、日本等國的消費者對中國製造的認同度很低。據德國知名 Statista 數據統計公司發佈的「2017 年國別製造指數」（Made-In-Country Index），「中國製造」的認同度僅排在世界第 49 位。由於這項指數是調查了 52 個國家的 4.3 萬名消費者，其中有 19 個歐洲國家以及歐洲文化相近、地理相鄰的 19 個美洲、非洲和西亞國家，因此此項調查主要反映了歐美這些國家國民的看法。[1]

更令人擔憂的是，一些生產經營者質量誠信嚴重缺失，假冒偽劣產品屢禁不止，近年來網購市場質量問題日益突顯，嚴重地影響了「中國製造」的聲譽，越來越多的消費者開始加入「海淘」國外產品的行列。因此，對於中國製造業而言，亟待通過一場品質革命，實現中國製造產品品質巨大變革和根本性提升，塑造一批高端品牌，從而促進中國製造從大到強轉變。這也是為什麼《中國製造 2025》堅持把品質作為建設製造強國的生命線、以「質量為先」為指導方針的重要原因。從發達國家的歷史經驗看，大都曾經歷通過一場製造品質革命來實現製造品質歷史性的飛躍。例如，德國在 1887 年開始着力塑造「德國製造」的品質，逐步確立「德國品牌、質量一流」的國家形象；日本在第二次世界大戰後掀起「質量救國」熱潮，推動企業實施全面質量管理，到 20 世紀 70 年代末期，日本國內企業建立 70 萬個全面質量管理小組，成功地實施了品質革命，塑造了「日本製造」在世界的質量優勢。

成功推進一場製造業的品質革命，需要克服一系列障礙。對於中國製造的品質革命而言，一方面要解決各個層面基礎能力不足問題，另一

1　米健、宋紫峰：《「中國製造」海外消費者認同度的現狀、問題與對策》，《國務院發展研究中心調查研究報告》，2018 年 5 月 11 日，國務院發展研究中心網站（http://www.drc.gov.cn/xscg/20180511/182-224-2896131.htm）。

方面要改善社會文化環境、政府政策環境和市場環境。基礎能力提高與
環境完善又是相互作用、互相促進的，形成一個良性循環，再假以時
日，一場成功的製造業品質革命才能實現。

影響中國製造品質提升的基礎能力主要包括國家層面的國家質量基
礎設施（National Quality Infrastructure，NQI）支撐能力，產業層面的
產業共性基礎能力，企業層面的技術創新能力和管理創新能力。（1）所
謂國家質量基礎設施包括計量、標準、認證和檢驗檢測四項活動，這四
項活動旨在保證社會經濟活動有依據、有保證、可測量、可信任，為國
民經濟和社會發展提供基礎支撐保障，其中計量是品質的控制基礎，標
準是品質的判斷依據，認證認可是品質的信任機制，檢驗檢測是品質
的衡量過程，四者形成科學嚴謹的技術鏈條，成為實施品質管理、提升
品質水平、保障國民經濟運行、促進國際經濟交往的基礎支撐。總體而
言，這些年中國國家質量基礎設施支撐能力在不斷提升，很好地適應了
國民經濟和社會發展的需要，但是由於中國標準體系和管理體制脫胎於
計劃經濟，相比國外發達工業國家的水平還存在差距，一定程度存在管
理軟、體系亂、水平低的問題。基於 2014 年數據，在 3 萬多條國際標
準中，中國主導制定的僅佔總量的 0.5%，中國被承認的校準測量能力
遠遠落後於美國、德國等國家，只相當於美國能力的 53%。這在很大
程度上制約了中國製造品質水平的提升。（2）產業層面的共性基礎能力
就是所謂的「工業四基」——關鍵基礎原材料、核心基礎零部件（元器
件）、先進基礎工藝、產業技術基礎的提供能力。「工業四基」一直以來
都是中國製造業發展和製造業品質提升的瓶頸，關鍵基礎材料和核心基
礎零部件（元器件）對外依存度比較大，中國 50% 的機械核心基礎零部
件（元器件）依靠進口，一些關鍵工作母機、高端醫療設備、高端精密
儀器及其核心元器件也都是主要依靠進口，很多先進基礎工藝和產業技
術基礎中國自己不具備。《中國製造 2025》中專門提出「工業強基」工
程，即旨在解決這個瓶頸問題。當然，這個問題的解決需要時間進行技

術積累，要打破當今全球價值鏈分工的固有格局，還需要長期堅持不懈的努力。（3）企業層面的技術創新能力和管理創新能力是企業產品和服務品質提升的關鍵動力和直接決定因素。中國已經有一批先進製造企業具備較強的技術創新能力和管理創新能力，甚至在一些行業具有一定的世界領先水平，但總體上還是相對落後。從 2015 年國家質檢總局發佈的 2015 年製造業質量競爭力指數看，構成製造業質量競爭力的標準與技術水平、市場適應能力、品質管理水平、品質監督與檢驗水平、核心技術能力、研發和技術改造能力六項指數得分分別是 88.38、83.66、78.52、90.66、82.57、74.69，其中研發和技術改造能力與品質管理水平兩項得分是最低的，這表明對於中國製造品質提升而言，中國企業技術創新能力和管理創新能力不足是一個很重要的「短板」，尤其是企業必須建立健全企業品質管理體系，不斷通過管理創新提升品質管理水平。

　　制約中國製造品質提升的環境因素也十分複雜，可以主要概括為社會文化方面「工匠精神」的缺失，政府政策方面低成本趕超戰略主導，市場環境方面的競爭有序的市場體系尚未形成。（1）從社會文化方面看，從古代的魯班和庖丁，到中華人民共和國成立後的「八級工」，中國一直就不缺少對認真專注、精益求精的敬業精神——「工匠精神」的推崇。但是，近些年來，在追求低成本跨越式趕超經濟發展背景以及經濟呈現「脫實向虛」趨勢下，中國在發展成為一個製造業大國的同時，傳承和發揚「工匠精神」的環境建設和制度基礎逐漸被忽視，房地產、金融領域對製造業人才的虹吸效應顯著，製造業內部對營銷技巧的重視遠遠高於對製造環節生產工藝改善和品質提升的重視，製造環節精益求精的「工匠精神」變得日益稀缺起來，高品質中國製造的文化基礎被蠶食。北京大學和清華大學《2016 年畢業生就業質量報告》表明，金融業屬於第一位，吸引了北京大學 26.4% 和清華大學 21.2% 的畢業生，遠高於 IT 行業、製造業和科學技術領域，越來越多工程領域的博士轉入金融領域。（2）從政府政策導向看，長期以來在低成本快速工業化戰略驅

動下，政府特別是地方政府更多地關注經濟增長、財政收入、大企業數量等能夠快速突顯政績的規模指標，注重經濟的高速增長，忽視高質量發展，在政策導向上更多的是激勵低成本、高速度，但缺少制度設計來鼓勵生產高品質的產品，「低價中標」制度的過度使用在很大程度上抑制了中國製造的高質量發展。（3）從市場環境看，中國統一開放、公平競爭的現代市場經濟體系還沒有全面建立，缺少誠信、不守契約的行為還比較普遍，而且其中相當部分還沒有得到應有的懲罰，地區分割、部門分割、各類市場壟斷行為還在相當程度上存在，市場中產品「優不勝、劣不汰」「優質不優價」以及「劣幣驅逐良幣」的問題還比較突出，市場成熟度還有待提高，價格敏感性要大於品質敏感性。這些問題都制約了中國製造的品質改善和轉型升級。而近些年以電子商務為代表的新興商業業態迅速發展，由於監管手段跟不上，客觀上又加大了低品質、低成本的製造產品的銷售量。2017 年國家監督抽查產品質量狀況公告數據顯示，對 164 種 20192 批次產品開展的國家監督抽查中，產品批次合格率為 91.5%，但電商平台的商品質量不合格產品檢出率為 25%，商品質量明顯低於抽查平均水平。

推動中國製造的品質改革，是一項複雜的、涉及社會經濟各個方面的巨型系統工程，既需要社會各界和製造業企業的凝心聚力，還需要圍繞中國製造品質提升的長時間鍥而不捨，這要求以大質量觀指導協同推動中國製造的品質革命，從系統、全局、綜合和長期視角看待中國製造的質量問題，建立涵蓋政治、經濟、文化、社會、生態等多領域，企業主導、政府服務、各種社會組織共同參與的全面推進的品質管理體系，具體需要在以下三個方面協同推進。[1]

一是協同推動企業技術創新、管理創新與制度創新。技術是品質領先的保證，領先的品牌企業都是堅持通過加大技術投入、培育技術能

1　黃群慧：《推動中國製造的品質革命》，《求是》2018 年第 22 期。

力、積極推進技術創新來追求技術領先戰略的，但僅僅是技術創新是不夠的，必須協同推進管理創新和制度創新，通過管理創新形成全流程、全企業、全社會的卓越品質管理體系，通過制度創新不斷建立和完善有效的激勵約束機制，奠定全社會共同努力、各方面激勵相容的持續改善中國製造品質的制度基礎。要突破中國製造的瓶頸——「工業四基」問題，需要鍥而不捨地協同推動企業的技術創新、管理創新和制度創新。

二是協同推進國家質量基礎設施建設與企業質量品牌管理體系建設。一方面，要從國家戰略高度重視標準、計量、認證和檢驗檢測工作。不斷完善政府質量監督管理體系，創新政府質量治理體制，圍繞製造業升級的需要，加快制定和實施與國際先進水平接軌的製造業質量、安全、衛生和環保節能標準，提升在國際領域的標準話語權，進一步提高中國校準測量能力，強化中國認證在國際上的影響力和對貿易規則的主導能力，改善中國檢驗檢測國際競爭力。另一方面，強化企業質量主體地位，支持企業加強品牌建設。積極推進企業健全質量管理體系，加強全面質量管理，充分使用當代信息技術提高質量管理科學化和現代化水平，加強在線質量檢測、控制和全生命周期的質量追溯能力培育。品牌既是企業長期的質量信譽的標識，也是不斷投資經營的結果，中國製造的品牌建設，尤其需要培育一批專業的品牌服務機構，同時要加大品牌國際化步伐。

三是協同推進質量法制完善和市場體系建設。一方面，加大完善有關產品安全、產品擔保和產品責任等方面的法律，強化運用法律手段解決質量法制中的突出問題。產品責任制度需要進一步完善，並在產品質量法等法律規定中予以細化，加重賠償責任，加大對消費者的保護力度，強化精神損害賠償和懲罰性賠償制度，完善中國的產品瑕疵擔保責任規定，保護消費者的合理預期，提振消費信心。另一方面，要進一步完善市場體系，加快建設統一開放、信息透明、競爭有序的市場體系，逐步形成打破地區和行業壟斷、保護知識產權、促進公平競爭、質量信

用管理完善等有利於中國製造質量品牌建設的市場機制。

三、推進製造業高質量發展

質量，是一個日常被廣泛使用的詞，在物理學中是指物體所具有的一種物理屬性，是物質的量的量度。在社會經濟中更廣泛地被認為是事物、工作、產品滿足要求的優劣程度。與微觀層面產品質量、服務質量、工程質量和環境質量不同，本節所指的製造業發展質量更是宏觀意義上的質量，與經濟發展質量、經濟增長質量和效率相同，可以認為是製造業發展所具有的特徵滿足國家和人民要求的程度。黨的十九大報告做出了中國社會主要矛盾已經轉化為人民日益增長的美好生活需要和不平衡不充分的發展之間的矛盾的重大論斷，並要求堅持創新發展、協調發展、綠色發展、開放發展、共享發展的新發展理念。因此從中國社會主要矛盾變化和新發展理念角度看，製造業高質量發展就是製造業發展能夠更高程度體現新發展理念要求和滿足人民日益增長的美好生活需要的發展，製造業高質量發展應該具有創新是第一動力、協調成為內生需要、綠色成為普遍形態、開放成為必由之路、共享成為根本目的的發展特徵。

中國製造業高質量發展的關鍵是提高製造業供給質量。2016 年中央經濟工作會議提出供給側結構性改革的主攻方向是提高供給質量。黨的十九大報告中也指出，建設現代化經濟體系，必須把發展經濟的着力點放在實體經濟上，把提高供給體系質量作為主攻方向，顯著增強中國經濟質量優勢。製造業供給質量可以分為供給要素質量和供給體系質量，製造業供給要素質量就是製造業的勞動力、資本、土地等生產要素所具有的特性滿足需求的程度，而製造業供給體系質量則是產品（包括服務、工程等各種形式）、企業和產業等所具有特性滿足需求的程度。提高製造業供給要素質量，意味着製造業勞動力素質提高、物質資本更新

換代、更多高新技術的投入以及人力資本的提升等，而提高製造業供給
體系質量有着提高製造業產品滿足消費者消費升級需要的程度、提高製
造業企業適應市場競爭的能力、提高適應消費升級的製造業轉型升級能
力等方面的內涵。

　　提高製造業供給質量的任務不僅包括微觀質量管理所要求的提高製
造產品質量或者品質，還包括製造業企業的員工素質和能力提升，以及
製造業企業競爭力提高，更是包括政府管理所關注的製造業自身轉型升
級、製造業結構的高級化和製造業組織的合理化，以及整體科研教育和
政府管理等國家治理現代化水平的提高。由於中國進入工業化後期增速
趨緩、結構優化、動力轉換的經濟發展新常態階段，長期以來中國主要
依靠勞動力、資本、土地等供給要素數量增加，以及依靠產品產量增
加、企業和產業規模擴張促進製造業增長的發展方式已經不可持續，現
在更多地需要通過創新改善供給要素質量和提高製造業供給體系的質
量，實現新的供求動態均衡，進而提高製造業全要素生產率促進經濟持
續增長。製造業供給體系質量決定了中國經濟發展質量，進而決定了中
國經濟發展方式的轉變以及經濟可持續發展。

　　推動製造業高質量發展，不僅需要回答如何理解製造業高質量發展
的問題，更需要回答如何衡量判斷製造業高質量發展的問題。製造業數
量增長因為有以增加值為核心的一套固有的統計指標，可以較好地度量
製造業增長速度。但是，如何度量製造業發展的質量，則需要進行深
入研究和系統創新。從理論上看，推動製造業高質量發展就是要推動
質量變革、效率變革和動力變革，最終體現在提高製造業全要素生產
率（TFP）上。但是在實際政府經濟管理中，全要素生產率並不是一個
可以推動高質量發展的可操作性的「抓手」。這不僅因為全要素生產率
這個指標具有概覽性、回顧性、敏感性和相對性等特徵，而且計算結果
差異較大，還因為全要素生產率核算僅以勞動力和資本為要素投入，以
GDP 為產出，也不能全面反映自然資源投入和環境因素，也就是無法

反映綠色發展問題。雖然經合組織等一些研究機構正在研究綠色全要素生產率，但離真正推廣使用還有相當距離。實際上，任何一個單一指標都難以對製造業發展質量進行合理的度量。一個可行的辦法就是以五大發展理念為指導，形成一個涵蓋創新、協調、綠色、開放和共享等方面內容的指標體系，並進一步構建相應的整體指數。但是，指標體系中具體準確的指標在實際中並不容易獲得，現有的統計體系並不十分支持。因此，製造業高質量發展水平的衡量評價還需要進一步深入研究，具體可以開發研究製造業高質量發展的指標體系、製造業高質量發展的標準體系、製造業高質量發展的統計體系、製造業高質量發展的績效評價體系，等等。

基於上述對製造業高質量發展的基本認識，未來推進中國製造業高質量發展，至少需要從以下三個方面發力。[1]

一是樹立大質量觀，積極推進中國製造的品質革命。高質量發展必然要求中國製造產品品質實現根本性的變革，通過一場製造品質革命以迅速增進民生福祉、大幅提高人民美好生活需求的滿足程度。2018 年的政府工作報告提出：「全面開展質量提升行動，推進與國際先進水平對標達標，弘揚工匠精神，來一場中國製造的品質革命。」如上一節所論述，推動中國製造的品質改革，是一項複雜的、涉及社會經濟各個方面的巨型系統工程，既需要社會各界和製造業企業的凝心聚力，又需要圍繞中國製造品質提升的長時間鍥而不捨，這要求以大質量觀為指導協同推動中國製造的品質革命，從系統、全局、綜合和長期視角看待中國製造的質量問題，建立涵蓋政治、經濟、文化、社會、生態等多領域，企業主導、政府服務、各種社會組織共同參與的全面推進的質量管理體系。一方面，要解決各個層面基礎能力不足的問題，包括國家層面的計量、標準、認證和檢驗檢測等國家質量基礎設施（NQI）支撐能力，產業層面

1　黃群慧：《推動我國製造業高質量發展》，《人民日報》2018 年 8 月 17 日。

的產業共性基礎能力，企業層面的技術創新能力和管理創新能力；另一方面，要改善社會文化環境、政府政策環境和市場環境，協同推進社會文化環境改善與經濟激勵機制完善，協調推進質量法制完善和市場體系建設，激發「企業家精神」和弘揚「工匠精神」。基礎能力提高與環境完善相互作用、互相促進，形成一個良性循環，再假以時日，一場成功的製造業品質革命才能實現。

二是樹立創新生態系統觀，不斷提高製造業創新發展的能力。當今世界製造業的智能化、綠色化、服務化、融合化已成為轉型升級的基本趨勢，而製造業高質量發展的核心就是要推進製造業的這種創新趨勢，以提高全要素生產率。這一方面要求加快推進企業優勝劣汰，加快處置「殭屍企業」，制定退出實施辦法，將資源集中在這些有效率的發展領域；另一方面要推動先進製造業和現代服務業深度融合，堅定不移建設製造強國，促進新技術、新組織形式、新產業集群形成和發展。而要實現這兩方面要求，關鍵就是要增強製造業技術創新能力。這個問題的解決，僅僅依靠創新投入是遠遠不夠的，關鍵是樹立技術創新生態系統觀，不斷完善製造業創新生態系統，進行長期的技術積累和努力。基於創新生態系統觀，一個國家技術創新能力的提升，不僅需要研發資金和人才投入等要素數量的增加，更重要的是創新要素之間、創新要素與系統和環境之間動態關係優化，即整個創新生態系統的改善。具體而言，要着力修補製造業創新鏈中的基礎研究和產業化之間存在的斷裂或者破損，提高科技成果轉化率；要構建製造業創新網絡，提高創新生態系統開放協同性，促進信息、人才和資金在各類組織之間有效流動，形成開放合作的創新網絡和形式多樣的創新共同體，構建開放、協同、高效的共性技術研發平台，健全以需求為導向、企業為主體的產學研一體化創新機制；要積極建立有利於各類企業創新發展、公平競爭發展體制機制，尤其是改善中小企業創新的「生態位」，為中小企業創新能力提升創造更好的條件，提高中小企業製造創新能力；要加強各層次工程技術人員

培養，尤其是高度重視提高技術工人的創新能力；抓緊佈局國家實驗室，重組國家重點實驗室體系；加強知識產權保護和運用，形成有效的創新激勵機制。

三是堅持深化開放，形成製造業全面開放新格局。當今世界的製造業發展，處於一個全球價值鏈主導的時代。自產業革命開拓機器大生產開始，國際分工經歷了工業製成品與農礦業的傳統產業間分工、工業內部各產業各產品部門的產業內分工，發展到同一產品不同價值鏈增值環節的產品內分工。20 世紀 90 年代以後，由於產品模塊化程度的提升和生產過程可分性增強，以及信息技術、交通技術等「空間壓縮」技術帶來的交易效率提高和交易成本的下降，基於價值鏈不同工序、環節的產品內分工獲得極大的發展，製造業全球價值鏈分工成為一種主導的國際分工形式。而且，隨着技術革命的加速拓展、業態不斷創新和產業日趨融合，尤其是新興工業化國家不斷努力突破在全球價值鏈中的「低端鎖定」，全球價值鏈逐步呈現出多極化發展的新態勢。因此，一個國家的製造業發展，必須對外開放，融入這個全球價值鏈中。改革開放 40 多年的經驗表明，中國製造業所取得的發展奇蹟，十分得益於中國製造業的對外開放。未來中國製造業的高質量發展，需要堅持深化開放，在新時代形成製造業全面開放的新格局。一方面，持續優化營商環境，建立健全外商投資准入前國民待遇加負面清單管理機制，切實降低制度性交易成本，強化知識產權保護，為全球投資者營造一個穩定公平透明、法治化、可預期的營商環境；另一方面，以「一帶一路」建設為重點，引導更多的中國企業到沿線國家投資興業，建立高水平的研發中心、製造基地和工業園區等，推進與沿線國家企業產能合作和創新能力開放合作，實現多方互利共贏。

參考文獻

C. Freeman, "Japan: A New National System of Innovation," in G. Dosi, C. Freeman, R. Nelson, G. Silverberg, L. Soete(eds.), *Technical Change and Economic Theory*, London: Pinter Publishers, 1988.

D. Rodrik, Normalizing Industrial Policy, Commission on Growth and Development Working Paper, 2008, No.3.

Veronica Martinez, Marko Bastl, Jennifer Kingston, Stephen Evans, "Challenges in Transforming Manufacturing Organisations into Product-Service Providers", *Journal of Manufacturing Technology Management*, 2010.

［美］伯納德·鮑莫爾：《經濟指標解讀（珍藏版）》，徐國興、申濤譯，中國人民大學出版社 2014 年版。

［日］大野健一：《學會工業化——從給予式增長到價值創造》，陳經偉譯，中信出版集團 2015 年版。

［美］傑里米·里夫金：《第三次工業革命：新經濟模式如何改變世界》，張體偉譯，中信出版集團 2015 年版。

［英］卡蘿塔·佩雷絲：《技術革命與金融資本》，田方萌譯，中國人民大學出版社 2007 年版。

［德］克勞斯·施瓦布：《第四次工業革命——轉型的力量》，李菁譯，中信出版集團 2016 年版。

［美］羅伯特·D. 阿特金森、史蒂芬·J. 伊澤爾：《創新經濟學——全球優勢競爭》，王瑞軍等譯，科學技術文獻出版社 2014 年版。

［德］馬克思：《資本論》（節選本），人民出版社 1998 年版。

〔美〕托馬斯・庫恩：《科學革命的結構》，金吾倫、胡新利譯，北京大學出版
　　社 2003 年版。

安筱鵬：《製造業服務化路線圖：機理、模式與選擇》，商務印書館 2012 年版。

陳佳貴、黃群慧、呂鐵等：《中國工業化進程報告（1995～2010）》，社會科
　　學文獻出版社 2012 年版。

工業和信息化部服務型製造專家組等：《服務型製造典型模式解讀》，經濟管
　　理出版社 2016 年版。

國家製造強國建設戰略諮詢委員會編著：《中國製造 2025 藍皮書（2016）》，
　　中國工信出版集團、電子工業出版社 2016 年版。

國家製造強國建設戰略諮詢委員會編著：《中國製造 2025 藍皮書（2017）》，
　　中國工信出版集團、電子工業出版社 2017 年版。

國家製造強國建設戰略諮詢委員會編著：《中國製造 2025 藍皮書（2018）》，
　　中國工信出版集團、電子工業出版社 2018 年版。

黃群慧、郭朝先等：《可持續工業化與創新驅動》，社會科學文獻出版社 2017
　　年版。

黃群慧、李芳芳等：《中國工業化進程報告（1995～2015）》，社會科學文獻
　　出版社 2017 年版。

黃群慧、李曉華、賀俊：《「十三五」工業轉型升級的方向與政策》，社會科
　　學文獻出版社 2016 年版。

黃群慧等：《「一帶一路」沿線國家工業化進程報告》，社會科學文獻出版社
　　2015 年版。

聯合國工業發展組織：《工業發展報告 2002/2003：通過創新和學習提高競爭
　　力》，中國財政經濟出版社 2003 年版。

劉世錦等：《傳統和現代之間——增長模式轉型與新型工業化道路的選擇》，
　　中國人民大學出版社 2006 年版。

馬泉山：《中國工業化的初戰——新中國工業化回望錄（1949—1957）》，中
　　國社會科學出版社 2015 年版。

文一：《偉大的中國工業革命——「發展政治經濟學」一般原理批評綱要》，清華大學出版社 2017 年版。

楊治：《產業經濟學導論》，中國人民大學出版社 1985 年版。張帆：《產業漂移》，北京大學出版社 2014 年版。

張培剛：《農業與工業化》，華中工學院出版社 1984 年版。

中共中央文獻研究室編：《習近平關於社會主義經濟建設論述摘編》，中央文獻出版社 2017 年版。

中國社會科學院工業經濟研究所：《中國工業發展報告（2013）》，經濟管理出版社 2013 年版。

中國社會科學院工業經濟研究所：《中國工業發展報告（2014）》，經濟管理出版社 2014 年版。

中國社會科學院工業經濟研究所：《中國工業發展報告（2015）》，經濟管理出版社 2015 年版。

中國社會科學院工業經濟研究所：《中國工業發展報告（2016）》，經濟管理出版社 2016 年版。

中國社會科學院工業經濟研究所：《中國工業發展報告（2017）》，經濟管理出版社 2017 年版。

中國社會科學院工業經濟研究所：《中國工業發展報告（2018）》，經濟管理出版社 2018 年版。

劉紅玉：《馬克思的創新思想研究》，博士學位論文，湖南大學，2011 年。

蔡昉：《「中等收入陷阱」的理論、經驗與針對性》，《經濟學動態》2013 年第 12 期。

蔡昉：《認識中國經濟的短期和長期視角》，《經濟學動態》2013 年第 5 期。

陳佳貴、黃群慧：《工業發展、國情變化與經濟現代化戰略——中國成為工業大國的國情分析》，《中國社會科學》2005 年第 4 期。

賀俊、劉湘麗：《日本依託「母工廠」發展先進製造的實踐與啟示》，《中國黨政幹部論壇》2013 年第 10 期。

黃群慧：《「十三五」時期新一輪國有經濟戰略性調整研究》，《北京交通大學學報》（社會科學版）2016 年第 2 期。

黃群慧：《改革開放 40 年中國產業發展與工業化進程》，《中國工業經濟》2018 年第 9 期。

黃群慧：《經濟新常態、工業化後期與工業增長新動力》，《中國工業經濟》2014 年第 10 期。

黃群慧：《論新時期中國實體經濟的發展》，《中國工業經濟》2017 年第 9 期。

黃群慧：《推動中國製造的品質革命》，《求是》2018 年第 22 期。

黃群慧：《新經濟的基本特徵與企業管理變革方向》，《遼寧大學學報》（哲學社會科學版）2016 年第 5 期。

黃群慧：《中國產業政策的基本特徵與未來走向》，《探索與爭鳴》2017 年第 1 期。

黃群慧：《中國工業化進程：階段、特徵與前景》，《經濟與管理》2013 年第 7 期。

黃群慧：《中國工業化進程及其對全球化的影響》，《中國工業經濟》2017 年第 6 期。

黃群慧、黃陽華、賀俊、江飛濤：《步入中高收入階段的中國工業化戰略研究》，《中國社會科學》2017 年第 12 期。

黃群慧、霍景東：《中國製造業服務化的現狀與問題──國際比較視角》，《學習與探索》2013 年第 8 期。

黃群慧、霍景東：《中國製造 2025 戰略下的製造業服務化發展的思路》，《中國工業評論》2015 年第 11 期。

黃群慧、石穎：《東北地區工業經濟下行的原因分析及對策建議》，《學習與探索》2016 年第 7 期。

江飛濤、武鵬、李曉萍：《中國工業經濟增長動力機制轉換》，《中國工業經濟》2014 年第 5 期。

姜鴻、賀俊：《中美製造業稅負成本比較及對策建議》，《財經》2016 年第 12 期。

李曉華：《後危機時代我國產能過剩研究》，《財經問題研究》2013 年第 6 期。

劉江：《中國工業企業的所有制分佈特徵》，《首都經濟貿易大學學報》2018 年第 6 期。

劉戒驕、王振：《市場化化解產能過剩的原理與措施分析》，《經濟管理》2017 年第 6 期。

劉世錦：《尋求中國經濟增長新的動力和平衡》，《中國發展觀察》2013 年第 6 期。

劉偉、蔡志洲：《我國工業化進程中的產業結構升級與新常態下的經濟增長》，《北京大學學報》（哲學社會科學版）2015 年第 3 期。

劉悅、周默涵：《環境規制是否會妨礙企業競爭力：基於異質性企業的理論分析》，《世界經濟》2018 年第 4 期。

馬本、鄭新業：《產業政策理論研究新進展及其啟示》，《教學與研究》2018 年第 8 期。

瑪麗・霍爾沃德 - 德里梅爾（Mary Hallward-Driemeier）、高拉夫・納亞爾（Gaurav Nayyar）：《不斷變化的全球製造業格局：12 個事實》，《中國經濟報告》2018 年第 4 期。

龐元正：《從創新理論到創新實踐唯物主義》，《中共中央黨校學報》2006 年第 6 期。

朴永燮：《經濟轉型與「中等收入陷阱」：韓國經驗》，《經濟社會體制比較》2013 年第 1 期。

渠慎寧、楊丹輝：《中美製造業勞動力成本比較》，《中國黨政幹部論壇》2017 年第 9 期。

舒遠招：《馬克思的創造概念》，《湖南師範大學社會科學學報》1998 年第 5 期。

童潔、張旭梅、但斌：《製造業與生產性服務業融合發展的模式與策略研究》，《軟科學》2010 年第 2 期。

徐林：《國際貿易規則下的中國產業政策如何優化》，《中國改革》2018 年第 4 期。

楊沐、黃一义：《需求管理應與供給管理相結合——兼談必須儘快研究和制訂產業政策》，《經濟研究》1986 年第 2 期。

張彩雲、呂越：《綠色生產規制與企業研發創新——影響及機制研究》，《經濟管理》2018 年第 1 期。

張慧明、蔡銀寅：《中國製造業如何走出「低端鎖定」——基於面板數據的實證分析》，《國際經貿探索》2015 年第 1 期。

中國經濟增長前沿課題組：《中國經濟轉型的結構性特徵、風險與效率提升路徑》，《經濟研究》2013 年第 10 期。

卓賢：《金融膨脹與中國經濟轉型》，《財經》2018 年第 13 期。

陳永偉：《經濟增長：從何而來、終於何方》，《經濟觀察報》2018 年 10 月 15 日。

國家統計局：《中華人民共和國 2017 年國民經濟和社會發展統計公報》，《人民日報》2018 年 3 月 1 日。

黃漢權：《「八字方針」為供給側結構性改革定向指航》，《經濟日報》2018 年 12 月 28 日。

黃群慧：《從高速度工業化向高質量工業化轉變》，《人民日報》2017 年 11 月 26 日。

黃群慧：《從新一輪科技革命看培育供給側新動能》，《人民日報》2016 年 5 月 23 日。

黃群慧：《工匠精神的失落與重塑》，《光明日報》2016 年 6 月 29 日。

黃群慧：《論中國特色社會主義創新發展理念》，《光明日報》2017 年 9 月 5 日。

黃群慧：《全面實施製造強國戰略新階段》，《經濟日報》2017 年 5 月 19 日。

黃群慧：《推動我國製造業高質量發展》，《人民日報》2018 年 8 月 17 日。

黃群慧：《以供給側結構性改革完善製造業創新生態》，《光明日報》2016 年 4 月 27 日。

黃群慧：《以智能製造為先導構造現代產業新體系》，《光明日報》2016 年 6 月 8 日。

黃群慧：《以智能製造作為新經濟主攻方向》，《經濟日報》2016 年 10 月 13 日。

黃群慧：《中國製造如何向服務化轉型》，《經濟日報》2017 年 6 月 16 日。

黃群慧、楊丹輝：《構架綠色製造體系的着力點》，《經濟日報》2015 年 12 月 10 日。

金碚：《推進工業化仍是我國重要戰略任務》，《光明日報》2014 年 12 月 1 日。

魏際剛：《中國產業中長期發展戰略問題》，《中國經濟時報》2015 年 5 月 5 日。

《2017 年我國「三新」經濟增加值相當於 GDP 的比重為 15.7》，2018 年 11 月 22 日，國家統計局網站（http://www.stats.gov.cn/tjsj/zxfb/201811/t20181122_1635086.html）。

《波瀾壯闊四十載　民族復興展新篇——改革開放 40 年經濟社會發展成就系列報告之一》，2018 年 8 月 27 日，國家統計局網站（http://www.stats.gov.cn/ztjc/ztfx/ggkf40n/201808/t20180827_1619235.html）。

《改革開放鑄就工業輝煌　創新轉型做強製造大國——改革開放 40 年經濟社會發展成就系列報告之六》，2018 年 9 月 4 日，國家統計局網站（http://www.stats.gov.cn/ztjc/ztfx/ggkf40n/201809/t20180904_1620676.html）。

《國際地位顯著提高　國際影響力明顯增強——黨的十八大以來經濟社會發展成就系列之二》，2017 年 6 月 21 日，國家統計局網站（http://www.stats.gov.cn/tjsj/sjjd/201706/t20170621_1505616.html）。

《2017 年我國經濟發展新動能指數比上年增長 34.1%》，2018 年 11 月 23 日，國家統計局網站（http://www.stats.gov.cn/tjsj/zxfb/201811/t20181123_1635449.html）。

米健、宋紫峰：《「中國製造」海外消費者認同度的現狀、問題與對策》，《國務院發展研究中心調查研究報告》，2018 年 5 月 11 日，國務院發展研究中心網站（http://www.drc.gov.cn/xscg/20180511/182-224-2896131.htm）。

謝振忠：《基礎支撐發展　強基制勝未來——解讀〈工業強基工程實施指南（2016—2020 年）〉》，中國報告網（http://news.chinabaogao.com/hgjj/201612/1292611602016.html）。

索引

後記

　　製造業是強國之基、興國之器、立國之本。隨着中國國家製造強國戰略的實施，尤其是 2018 年發生中美貿易摩擦以來，中國製造業發展問題引起了社會上的普遍關注。但是，有關中國製造業發展現狀、水平、階段、問題以及未來發展前景的客觀理性分析著作，國內外並不多見。一方面是眾多專業性研究文獻，雖科學客觀但主要服務於學者專家的學術交流；另一方面則是大量的普及性讀物，雖被自媒體大量流傳但缺少客觀理性，甚至謬誤很多。在這種背景下，對中國製造業發展進行客觀描述和闡釋，使國內外讀者客觀理解和科學認識中國的製造業發展，具有重要的意義。這會使得國內讀者更加正確地認識到中國製造業的發展水平和歷程，更加理性地看待當前面臨的問題，凝聚共識，增強進一步發展的決心；也會使得國外讀者增進對中國製造業的了解和認識，為中國製造業發展營造更好的國際環境。這正是《理解中國製造》這本書的基本定位，而這類研究也恰是《理解中國》叢書的基本宗旨。

　　本書採用「總─分─總」的結構，前四章通過對製造大國崛起、工業化進程、中國製造的發展狀況與中國製造的機遇與挑戰的闡釋，試圖將中國製造業放在工業化進程中給出一個總體描述，同時分析其現狀、所處發展階段和所面臨的機遇問題；第五章到第十章討論了中國製造業化解產能過剩、技術創新、智能製造、綠色製造、服務型製造、工業基礎等具體問題；最後兩章從總體上分析了中國製造業的政策與戰略以及未來發展走向。本書出版得到文化名家暨「四個一批」人才、哲學社會科學萬人計劃經費的支持以及國家社科基金「『中國製造 2025』的技術路徑、產業選擇與戰略規劃研究（批准號：15ZDB149）」的資助。

　　自 2003 年開始我一直對中國工業化與工業現代化問題進行研究，近些年在報刊發表了一系列中國製造業問題的學術論文和理論性文章。2015 年我開始擔任國家製造強國建設戰略諮詢委員會委員，也更多地將研究精力聚焦到中國製造業發展上。受中國社會科學出版社趙劍英社長邀請，基於上述定位撰寫這本《理解中國製造》，一方面是自己的研究興趣和作為國家製造強國建設戰略諮詢委員會委員的職責所在，另一方面也是對近些年自己的相關研究的系統梳理和總結。在這裏對趙劍英社長提供給我這個機會，以及一直以來對我的鼓勵深表謝意。從接受本書的寫作任務到完稿，經歷了兩年多的時間。中國社會科學出版社總編輯助理、本書責任編輯王茵同志對我交稿時間一拖再拖給予了極大的包容，僅僅一個感謝是無法表達我此刻心情的。

　　中國製造業發展是一個龐大複雜的主題，限於時間和本人的學識，本書的研究闡釋還不夠全面深入，衷心希望得到讀者的批評指正！近期獲悉中華書局（香港）即將出版拙著繁體字版，本書將使更多讀者了解到中國製造業的發展，深表感謝。

黃群慧

2023 年 1 月

理解中國製造

黃群慧　著

責任編輯　袁雅欽
裝幀設計　譚一清
排　　版　黎　浪
印　　務　劉漢舉

出版　開明書店
　　　香港北角英皇道 499 號北角工業大廈一樓 B
　　　電話：（852）2137 2338　傳真：（852）2713 8202
　　　電子郵件：info@chunghwabook.com.hk
　　　網址：http://www.chunghwabook.com.hk

發行　香港聯合書刊物流有限公司
　　　香港新界荃灣德士古道 220-248 號
　　　荃灣工業中心 16 樓
　　　電話：（852）2150 2100　傳真：（852）2407 3062
　　　電子郵件：info@suplogistics.com.hk

印刷　美雅印刷製本有限公司
　　　香港觀塘榮業街 6 號 海濱工業大廈 4 樓 A 室

版次　2023 年 3 月初版
　　　© 2023 開明書店

規格　16 開（240mm×170mm）

ISBN　978-962-459-266-5

本書中文繁體字版本由中國社會科學出版社授權中華書局（香港）有限公司
在中華人民共和國大陸以外地區獨家出版、發行。